Mamas Glücksbuch

Der Begleiter
für gelassene Mütter

Constanze von Gersdorff-Hucho

Mamas Glücksbuch

Der Begleiter
für gelassene Mütter

Das für dieses Buch verwendete FSC®-zertifizierte Papier
Munken premium liefert Arctic Paper Munkedals AB, Schweden

ISBN 978-3-517-08828-0

Illustrationen: Ruth Botzenhardt
Lektorat: Silwen Randebrock, Redaktionsbüro TEXTUM
Layout und Satz: Nadine Thiel | kreativsatz, Baldham
Umschlaggestaltung: zeichenpool, München, unter
Verwendung einer Illustration von Ruth Botzenhardt
Druck und Verarbeitung: GGP Media GmbH, Pößneck

Printed in Germany

817 2635 4453 6271

www.suedwest-verlag.de

Inhalt

Wo gibt's hier Hilfe, bitte schön?

Rumms! Wie im Westernsaloon schwingt die Tür auf und im Verkaufsraum der kleinen Buchhandlung erscheint eine bleiche, augenberingte Frau, keinen Colt in der Hand, aber ein klitzekleines Kerlchen unterm Arm, das aussieht, als wolle es jeden Moment einen herzzerreißenden Urschrei zum Besten geben.

Sie sagte: »So! Wo steht hier *Jetzt helfe ich mir selbst – Mama 1.0*? Her damit!«

»Äh, worum geht's denn bitte?« In aller Ruhe schlendert ein Buchhändler herbei und schiebt seine Brille von links nach rechts, bis sie schräg auf der Nase Platz nimmt. Das ist der erschöpften Mutter egal, sie ist im Gegensatz zum Verkäufer in Eile und vor allem eines: vollkommen am Ende.

Diese bleiche Mutter war übrigens ich, und was ich brauchte, waren ein paar kleine Anregungen, um zu überleben: Ich suchte Tipps zur Selbsthilfe, Mut und Mumm, Halt und Aufmunterung, eine Portion Vertrauen und eine riesige Packung Einschlaftricks obendrauf! Ich brauchte jemand, der einfach weiß, wie's geht, und ich wollte es gerne schriftlich haben, wie man das Schöne mit den kleinen Lebensgefährten genießen und die Hürden etwas leichter nehmen kann – kurzum: einen Handwerkskoffer fürs Elternsein. Aber ohne erhobenen Zeigefinger und Dogmen. Und keine Regeln, bitte! Regeln sind steif und fassen sich nicht gut an. Das aber sollte es sein: lebbar und weich.

»Hilfe ...«, fasste ich meine Gedanken zusammen, »Hilfe für Eltern«.

»Ja also, möchten Sie vielleicht dies hier: *Wie Eltern noch viel besser werden?*«

»Kommt nicht infrage! Ich will so bleiben, wie ich bin! Zum Verbessern habe ich gerade wirklich keine Zeit!«

Er wandte sich zum nächsten Buch. »Tja, hier sind *Erziehungstipps von 500 Top-Wissenschaftlern.*«

»Bloß nicht, meine gesamte Verwandtschaft besteht aus Wissenschaftlern! Nein, ich brauche etwas, worauf ich mich verlassen kann!«

»Na ja, vielleicht so was wie ein Easy-Starterkit für Eltern?« So hätte ich es vielleicht nicht unbedingt formuliert, er fuhr aber fort: »Kein Lexikon über originelle Beikostvariationen oder Anleitungen zum Durchschlafwunder, sondern Inspirationen für Gelassenheit in sämtlichen Trotzphasen? Und zu dick darf es auch nicht sein: Schließlich kommt man mit Baby kaum zum Lesen. Wollen Sie das?«

Oh. Ich war dabei, mich in diesen wunderbaren Mann zu verlieben!

»Ja, ich will!«, hauchte ich wie vorm Altar.

»Haben wir nicht!«, erklärte er.

Der Traum von Rettung schwand dahin. Dieses *Do-it-yourself for Mamas* mit einem Mindesthaltbarkeitsdatum von etwa einundzwanzig Jahren war also nirgends aufzutreiben. Wackelig und auf mich alleine gestellt kurvte ich mit meinem Kleinen und meinem wenigen Wissen aus dem Laden und durch die ersten Monate. Ich schlief nicht viel, erlebte umso mehr und sammelte zwischen allerlei Stürmen Erlebnisse und Erfahrungen wie kleine und große Schätze am Strand.

Als meine Freundin Lisa aber ihre Tochter auf die Welt brachte, beschloss ich, ihr diese Raritäten vom Wegrand zu schenken. Ich schrieb sie auf, damit sie das Allerwichtigste erfährt, was mir geholfen hat. Ich hoffte, dass sie so manche Bestärkung darin finden würde: Es gibt da nämlich ein paar Sachen, die erleichtern das Leben unglaublich, wenn wir uns im richtigen Moment daran erinnern – und genau das wünsche ich dir mit diesem Buch.

Die beste Mama
der Welt

Die beste Mama der Welt – wie macht sie das eigentlich und wo gibt's die? Vor allem mit nur vier Stunden Schlaf in der Nacht und keinem am Tag? Mit keiner Minute Freizeit und jeder Menge Neuland? Mit tausend Antworten auf tausend Fragen, die sich stellen, wenn man gerade eben ein klitzekleines Kind auf die Welt gebracht hat? Immer fröhlich, glücklich, weiß alles intuitiv? Hat's leicht, ist vollkommen routiniert und schafft alles mit links? So eine gibt es natürlich nirgends.

Aber die beste Mama der Welt, die gibt es tatsächlich! Die wird man nicht, wenn man alle Ratgeber auf einmal liest, und es ist auch nicht die schöne Bekannte auf der Straße da drüben oder die wirklich nette und weise Hebamme, die schlaue Mutter mit der kompakten Internetseite, sondern:

Die beste Mama der Welt bist du.

Ganz egal, was ist, ob du überschwänglich, voller Ideen und sprudelnd vor Liebe bist oder übermüdet, wortkarg, innerlich leer – deine Kleine, dein Kleiner haben sich dich ausgesucht. Bei dir möchte dieses einzigartige Wesen erfahren, was Leben ist und wie es sich anfühlt – lachen, weinen,

Freude und auch Wut und Traurigkeit. Ganz einfach: klein sein, groß werden.

Du brauchst nicht immer die fröhliche Mutter zu sein. Nein, du darfst auch mal still sein oder grummelig, gedankenverloren oder schlecht gelaunt. Du darfst – jetzt bitte staunen – du darfst die sein, die du schon »vorher« warst, und die, die du jetzt gerade bist.

Du musst niemand anderes werden und zu keinem neuen, am besten bei dieser Gelegenheit engelartigen, fehlerfreien Wesen mutieren. Das wären nicht die Eltern, die sich euer Kind ausgesucht hat. Denn es will dich kennenlernen, will wissen, wer du bist und immer schon warst. Und erwartet keine Werbefigur und keinen Traumprinzen.

Es kann gut vorkommen, dass du dich fragst: »Was war das bloß für eine verrückte Idee? Wer hat gesagt, ein Kind zu haben, ist das Schönste auf der Welt? Wieso hat mich niemand vorgewarnt?« Und das vielleicht nicht nur einmal. Alles richtig so und gut: Das macht nämlich die beste Mama der Welt! (Im Übrigen wirklich eine verrückte Idee!)

Was du dagegen nicht zu machen brauchst: dich zu ärgern, weil du zu nichts mehr kommst, oder – noch schlimmer – zu versuchen, alles zu schaffen. Zum Beispiel aufräumen, abends lange aufbleiben, nebenbei arbeiten, die Wohnung umbauen und was dir so alles Dringliches einfällt. Lieber ein Jahr oder mehr einplanen, in dem es chaotisch, unordentlich und ganz und gar verstaubt sein darf, obwohl man es manchmal kaum auszuhalten glaubt: Macht nichts! Dein Kind liebt dich, auch wenn du mal etwas falsch machst, denn es weiß: Das ist nur eine Phase! Jawohl – auch Eltern haben ein Recht auf Phasen. Und ebendies ist auch nichts weiter als eine Phase, eine von vielen schönen, lustigen und auch mal schwierigen – wie Leben nun mal ist.

Zur Einführung ein kleiner Test

Was machen glückliche Eltern eigentlich besser?

A: Paare, die lange vor ihrem ersten Kind sehr glücklich miteinander waren, sind auch später ein besseres Team.
B: Mütter, die ihre Kinder als Berufung empfinden, nicht als Arbeit, sind bessere Mütter.
C: Väter, die ein Jahr Elternzeit nehmen, sind später verständnisvoller und haben eine wesentlich bessere Beziehung zu ihren Kindern.

Welche dieser Untersuchungsergebnisse treffen wohl zu?

Auswertung

Du hast es dir vielleicht schon gedacht: Keine dieser Behauptungen ist richtig – und die Untersuchung ist zum Glück frei erfunden!

Es gibt sie nämlich nicht, die besseren Eltern. Dies war stattdessen die erste Übung zum Umgang mit allem, was dir in Zukunft jemals an Weisheiten und Wahrheiten zum Thema »Baby, Kinder, Erziehung, Ernährung, Lieben und Leben« nahegelegt wird: Es ist nie die ganze Wahrheit. Und schon gar nicht deine eigene.

Das Schöne ist, deine eigene Wahrheit kennst nur du selbst für dich. Und darauf kannst du dich vollkommen verlassen.

Unser fingierter Test ist nicht ansatzweise wissenschaftlich, er tut nur so, als ob. So wie viele wissenschaftliche Artikel, die etwa so beginnen: »Laut Statistik ...«. Aber weil die Thesen so überzeugend klingen, möchten wir sie hier noch einmal durchleuchten:

»Paare, die lange vor ihrem ersten Kind sehr glücklich miteinander waren, sind auch später ein besseres Team.«

Das klingt ziemlich verdächtig nach einem selig lächelnden Dream-Team aus der Fantasie. Ab mit ihnen ins Wachsfigurenkabinett! Ein Paar, das nicht auch Krisen miteinander durchsteht, dürfte es auf dieser Welt kaum geben. Und auch die beste harmonische Beziehung gerät ein bisschen (manchmal auch ein bisschen mehr) ins Wackeln, wenn ein kleines Kind mit an Bord kommt.

»Mütter, die ihre Kinder als Berufung empfinden, nicht als Arbeit, sind bessere Mütter.«

Da du genau die richtige Mutter für dein Kind bist, ist ja wohl klar, dass keine andere Mutter »besser« ist. Es ist also vollkommen egal, ob du dein Leben mit Kind als Berufung, harte Arbeit, Abenteuertrip, allergrößte Herausforderung oder als unterhaltsame Vergnügung empfindest – hier ist es, bei dir, hier lebt es und ihr beschreitet zusammen euren eigenen Wcg.

»Väter, die ein Jahr Elternzeit nehmen, sind später verständnisvoller und haben eine wesentlich bessere Beziehung zu ihren Kindern.«

Moment mal: Warum sollten Väter, die Elternzeit nehmen, später verständnisvoller sein? Der Charakter ändert sich ja nicht gleich mit der Elternzeit mit. Es gibt auf dieser Welt alles: vor allem mal verständnisvolle und mal verständnislose Väter und Mütter – mit oder ohne Elternzeit.

Nun weißt du das Wichtigste. Ab jetzt gibt es für dich als beste Mama der Welt eigentlich nur noch ein paar Kleinigkeiten, die das Ganze ein bisschen erleichtern können.

Und alles, was du in diesem Buch findest, sind Anregungen dafür. Ermunterungen und Einladungen – zu neuen Blickwinkeln und anderen Herangehensweisen. Wähle das für dich aus, was gut klingt und guttut.

Die Themen, die dich ansprechen und zum Zustimmen, Wiedererkennen, Ausprobieren, Lachen, Weinen oder zum Nachdenken anregen, die sind es, auf die es ankommt.

Miss Perfect

Du weißt also nun, dass du die beste Mutter der Welt bist.

Vielleicht möchtest du dazu auch noch so richtig perfekt sein? Na ja, wer möchte das eigentlich nicht? Wäre doch tatsächlich schön – und eine Menge Anerkennung gäbe es noch gratis dazu!

Falls die perfekte Mama nun die ist, die jeden Blick ihres Kindes sofort richtig deuten kann, stets angemessen reagiert und grundsätzlich schön ruhig bleibt in brenzligsten Situationen, dazu schlank und rank ist (um nicht zu sagen: total sexy), bei der Geburt fröhlich lächelte, obwohl es angeblich die längste und gefährlichste der Welt war, kurz vorm Wiedereinstieg in den wunderbaren Job steht (die Vorbereitungen dafür werden lässig beim Mittagsschlaf des Babys gemeistert), dabei bereits wieder schwanger ist, alle Erfolge in ihrem selbst programmierten Blog präsentiert, die Nächte mit ihrem Liebsten auf Partys verbringt, Drei-Gänge-Babymenüs serviert und keine Zweifel kennt – dann kann man guter Dinge sagen: Die gibt's nicht. Noch weniger die, die alle glücklich machen kann, auch wenn es ach so schön wäre.

Stattdessen gibt es aber ziemlich viele, die so tun als ob. Wir sind jedoch nicht dazu bestimmt, perfekt zu sein oder auch nur so zu tun, als ob wir es wären, sondern glücklich zu leben, genau so, wie wir sind.

Wir setzen uns mit unseren Ideen, wie alles sein müsste, immer wieder unter Druck.

Perfekt, das wäre für mich: Auch wenn meine zwei Rabauken Felix und Lea gerade vollkommen überdreht sind, ich bleibe cool. Im Übrigen sind sie nicht mehr lange so überdreht dank meiner perfekten Erziehungsmethode. Im Beruf selbstverständlich von Erfolg gekrönt und wie der junge Frühling in der Liebe. (Fehlt noch etwas?) Dabei ist es so befreiend, dies schöne, mal schwierige, mal schlaflose, mal lustige und vor allem erstaunliche Leben so zu nehmen, wie es ist, und vielleicht zu versuchen, sich alles ein kleines bisschen leichter zu machen. Das zu erlernen ist schon schwer genug. Darauf können wir uns also getrost konzentrieren.

 ## Gut genug ist gut genug

Du musst nicht perfekt sein und aus allem eine Doktorarbeit machen. Die Welt bricht nicht zusammen, wenn mal was nicht vollkommen ist.

Deine Familie, deine Freunde, deine Kollegen und auch du selbst sehen dich lieber glücklich und entspannt als unglücklich und gestresst auf dem Weg zur Perfektion.

Es ist so angenehm, sich vom Wunsch, perfekt zu sein, zu lösen – probier es aus.

Du bist in Ordnung und gut, so wie du bist.

Übrigens auch unabhängig davon, ob andere mit dir gerade zufrieden oder unzufrieden sind.

»Gut genug ist gut genug!«, lautet die Devise gegenüber unseren Bemühungen, alles besser, am besten, vollkommen fehlerfrei zu machen. Wenn wir allein die Dinge des Alltags, die Besonderheiten und Ausnahmezustände des Lebens so gut meistern, wie es in diesem Augenblick geht, dann ist das wunderbar. Kann sein, dass es uns morgen leichter gelingt als heute oder auch weniger brillant: Es ist vollkommen in Ordnung, wie wir es jetzt gerade machen! Es ist gut, so wie es ist.

Einatmen. Ausatmen.

 ## Heute mal nicht vollkommen

War heute etwas nicht ganz so, wie du es dir vorgestellt hast? Sag dir: »Das war jetzt vielleicht nicht so glanzvoll, wie ich es gerne hätte, aber Gott sei Dank: Ich bin ja nicht perfekt!«

Keine Sorge, es wird dir schon alles gelingen. Gut genug nämlich.

Das perfekte Leben

So, ich weiß jetzt, wie es ist: Ich war drei Tage lang Miss Perfect! Ich habe es ausprobiert und mich auf den Applaus gefreut.

Es war Weihnachten, also die beste Gelegenheit für ein so anspruchsvolles Unternehmen. Neben zwei frisch gebohnerten Kindern kamen wir mit mehreren Torten, Unmengen an Geschenken (mit dem imaginären Aufkleber: »Natürlich alles selbst gemacht!«) und zahllosen weihnachtlichen Accessoires bei der Verwandtschaft an. An diesen Tagen war ich mehr

als Vollzeit mit Baumdekoration, Windelnwechseln, niveau-
voller Erwachsenenunterhaltung und kreativer Kindermode-
ration beschäftigt. Außerdem mit sisyphosähnlichen Tisch-
deck-und-Abwasch-Prozessionen, Aufräumen, mit Servieren
und Austeilen. Dabei verstrahlte ich ununterbrochen beste
Laune (fast schon radioaktiv). So was von stimmungsvoll, gut
gelaunt und rundum weihnachtlich hatte mich die Welt noch
nicht gesehen.

Als wir nach den Feiertagen wieder bei uns zu Hause an-
kamen, war ich platt wie eine Flunder. Doch ich war perfekt
gewesen und voller Vorfreude auf die lobende Resonanz.

Ah, da klingelte auch schon das Telefon. Es waren meine
heiß ersehnten Verwandten. Vermutlich wollten sie nun ihre
Begeisterung über meine große Unterstützung ausdrücken.
Aber was kam nun?

Sie beschwerten sich entrüstet:»Du warst ja vielleicht anstrengend! Jetzt müssen wir uns erst mal erholen! Weihnachten ist ein Fest der Freude und Entspannung, keine Hochleis-
tungsshow mit Siegerkrönung.«

Mich traf der Schlag – mit der Wirkung eines Zauberstabs:
Nie wieder, schwor ich mir, mache ich noch einmal ein sol-
ches Theater um die vollkommene Mama in mir. Die Meister-
schaft in Perfektion muss ich nun nicht mehr erlangen, so viel
steht fest.

Wir wissen ja eigentlich genau: Man kann es wirklich niemals allen recht machen. Wenn wir es trotzdem versuchen,
kostet es unsere Glücksgefühle und unsere Gesundheit. Die
brauchen wir aber für unsere Familie, für unseren Alltag und
für uns selbst. Darum lassen wir diesen Versuch am besten
bleiben und genießen das Leben unperfekt und liebevoll.

Lösen wir uns von dem Wunsch, fehlerlos zu sein, können wir etwas anderes entdecken, das uns stützen wird:

Selbstvertrauen, aber bitte mit Sahne! So, wie wir jetzt gerade sind, ist es genau richtig. Auch wenn wir gerade unsicher und voller Mängel sein sollten. Und noch eine Menge verändern möchten. Und noch mitten auf der Reise ins Unbekannte sind.

 Mut zur Lücke

Erkennst du auch so genau, was an dir nicht richtig ist und was alles besser werden müsste? Immer zu versuchen, alles richtig zu machen, das bist du vielleicht gewöhnt.

Nun kommt eine neue knifflige Aufgabe: Versuche, die Dinge unperfekt zu lassen. Einfach mal nichts kochen, sondern Pommes essen, mal ungeschminkt aus dem Haus, mal die Wohnung in vollster Unordnung belassen, mal unvorbereitet in den Unterricht gehen und improvisieren – jede von uns hat ihre anderen Verpflichtungen, die zum individuellen »Perfektsein« gehören. Und nun gilt es, so mutig zu sein, auf diese auch mal zu verzichten.

   In diesem kleinen Zwischenraum, der dann entsteht, finden neue Gedanken Platz.

Wir alle erleben Kompetenz und Unsicherheit in einer Person, beides im steten Wechsel und manchmal sogar im selben Augenblick. Ein festes, perfektes Bild aber, das brauchen wir nicht.

   Dass eine Mutter auch mal erholungsbedürftig, wütend, traurig – sprich: normal sein darf, das müssen wir manchmal erst lernen. Eins ist dafür schon mal gut zu wissen: Niemand findet es wirklich ganz besonders toll, wenn wir alles richtig perfekt machen (was ja bekanntlich auch gar nicht geht). Niemand möchte von dir wissen, wie toll alles funktioniert, weil du »Supermom« persönlich bist. Das schreckt höchstens noch die nettesten Leute ab. Wenn wir echte Freundschaften und Nähe mit anderen erleben wollen, dann brauchen wir nichts weiter zu tun, als ehrlich und chaotisch zu bleiben – wie es im Leben mit Kindern eben einfach ist.

Die tadellose Freundin

Sehr gut, wir sind jetzt also nicht mehr perfektionistisch. Aber bist du vielleicht zufällig mit solch einer »tadellosen« Mama befreundet? Das Beste ist, mit ihr zusammen etwas Erholsames zu unternehmen. Schöne Musik hören, Badeöl mitbringen, gemeinsam spazieren gehen … (übrigens auch mit der perfekten Mama, die in dir selber schlummert).

Achte nebenbei darauf, dass es dir nach den Treffen mit der perfektionswütigen Freundin gut geht. Wenn du merkst, du kannst den Themen nicht standhalten (»Luisa schläft zwölf Stunden durch, seitdem ich ihr mein selbst komponiertes Lied auf dem Cello vorspiele«) und Vergleiche hinterlassen kein angenehmes Gefühl (»Oje, muss das hart für dich sein: Dein Kleiner ist motorisch ja nicht ansatzweise so weit wie meine Luisa!«), dann ist es besser, jemanden zu treffen, der dir wirklich guttut und Spaß daran hat, Freude und Kummer mit dir zu teilen und zwischendurch vielleicht sogar abwechslungshalber ein anderes Thema als den gesamten Babykosmos anzusprechen.

Wundermittel Ritual

Alle Eltern wissen es ziemlich schnell, denn überall steht es in großen Lettern geschrieben: Rituale sind das Wichtigste für Kinder. Durch Rituale findet das Baby zu einem Rhythmus, zu einem Tages- und Nachtablauf, zu einem zuverlässigen Schlaf, in ein geordnetes Leben und schließlich sogar zu klaren Strukturen seines gesamten Daseins.

Das klingt traumhaft, eigentlich zu schön, um wahr zu sein. Das möchten wir unserem Kind auf keinen Fall vorenthalten!

Welche Rituale wollen wir denn ab sofort unbedingt einführen?

Sollen wir nächtelang jede Menge Tipps in Zeitschriften und im Internet suchen? Punkt zwölf Uhr mittags den Pastinakenbrei servieren? (Vor dem Baby wussten wir vielleicht nicht einmal, was Pastinake überhaupt ist!) Jeden Abend um halb sieben baden? Liederbücher studieren, bis das passende Schlaflied gefunden ist, das wir täglich wiederholen? Oje, das klingt nach Anstrengung. Die ist aber nicht nötig.

Auch ob Weihnachten wie bisher traditionell mit Urgroßvaters selbst ausgedachtem Stollenrezept gefeiert wird oder nach eigenen Ideen, bleibt eine ganz persönliche Entscheidung. Hauptsache ist, dass du dich nicht von irgendjemandem einengen lässt. Und dass du dich auch nicht umwerfen lässt, wenn eure Planung mal anders läuft – denn das wird mit Kindern immer wieder passieren. Zum Glück, sonst würde es womöglich noch überschaubar!

Gut ist, was gut wirkt

Besonders viele Ritual-Ratschläge gibt es zum Thema Einschlafen. Sollen wir Schlafuhren, Nachtlichter, Einschlafbücher, leuchtende Schnuller und Gutenacht-CDs besorgen, damit das beste Ritual unserem Kind seinen Weg in den Schlaf ebnet?

Alle diese Ratschläge sind Ideen, aber keine Erfolgsgarantien, auch wenn sie an mancher Stelle so formuliert werden. Vielleicht mag dein Kind gar nicht, was in manchem Buch so dringend empfohlen wird. Vielleicht liebt Zara es beim Einschlafen ganz still und ohne Spieluhr, denn sonst wird sie hellwach und trällert in voller Lautstärke bis lange nach Mitternacht. Und Henry badet abends überhaupt nicht gerne, dabei ist das im Buch der Tipp Nummer eins.

Mehr als magisch angezogen war ich von jeder Werbung, die mir eine ruhige Nacht versprach. »Traumhaftes Mobile, Flauschstoff in zartem Pastell, die niedlichen Figuren drehen sich langsam zum Wiegenlied von Mozart und begleiten Ihren kleinen Schatz sanft in den Schlaf. Sogar mit Projektion an die Decke erhältlich«. Himmel, was habe ich meine Groschen gezählt, ob wir uns dieses Schmuckstück leisten können. Schließlich war es so weit, begeistert befestigte ich das neu erstandene Wundermittel an Felix' Bettchen. Tatsächlich blühte er auf – und entwickelte sein ganz besonderes Abendritual! Sobald es ausging, begann er mörderisch zu schreien.

Die ganze Nacht über mussten wir an der Kordel zum Neustart ziehen. Als Felix schließlich stehen konnte, griff er nach dem magischen Schlafbringer und nahm es auseinander. Danach war es endlich wieder ruhiger im Schlafzimmer.

Oder das altbewährte Kirschkernkissen. Der Katalogtext las sich paradiesisch – ein wahres Multitalent: »Bei Blähungen, Bauchschmerzen, Erkältung oder Prellungen wirkt es wahre Wunder. Nichts hilft schneller. Die liebevoll gestalteten Figuren lassen Kinderherzen höherschlagen und Schmerzen sind im Nu vergessen.« Ja, die Hersteller wissen, dass es wirklich schnell gehen muss zu Hause, wenn Not am Baby ist. Tatsächlich rannte ich äußerst schnell – zwischen schreiender Lea und dem Kirschkernkissen im Ofen hin und her. Zweimal ist es mir angebrannt und sah schrecklich aus. Einmal hätte Lea sich fast verbrüht. Geholfen hat es ihr trotzdem nicht, denn es blieb einfach nicht auf ihrem Bauch. Sie wollte kein Kirschkernkissen. Was sie stattdessen wollte: Mama. Denn – daran ließ Lea keinen Zweifel – Mama funktionierte viel besser als jedes Kirschkernkissen, auch wenn Mama das ziemlich anstrengend fand.

Jenseits von Spieluhr, Mobile und Kirschkernkissen: Dein Kind wird ganz bestimmt auch irgendetwas mögen, das ist klar. Und das findet ihr zusammen heraus. So wird es auch mit allen anderen Gewohnheiten sein, die sich durch eure Neugier und durch euren persönlichen Lebensrhythmus entwickeln. Vielleicht wirst du es ganz und gar anders machen als alle anderen: eben so, wie es nur euch gefällt. Und aus welcher Situation sich dann ein Ritual für das nächste Mal oder gar für immer findet, das wird sich ergeben.

Tut erst mal das, was ihr am liebsten macht, es sei denn, es handelt sich bei den Ritualen sowieso schon um deine Lieblingsbeschäftigung. Testet dabei aus, was wirkt. Es kann am Anfang dauern, bis sich ein Groove eingespielt hat, und der kann sich auch wieder verändern – ist das nicht bei jeder großen Liebe so?

Du wirst mit Sicherheit im Lauf der Zeit auch mithilfe eurer zusammen entwickelten Rituale einen eigenen Rhythmus entdecken. Mach dir also vorab keinen einzigen – na gut, aus Spaß vielleicht zweieinhalb – Gedanken zum Thema Rhythmen und Rituale.

Und hier ein entspannendes »Ritual« für dich, die Mama:

 Schönheiten des Tages

Frage dich abends vor dem Einschlafen, was an diesem Tag schön war. Eine Kleinigkeit reicht vollkommen. Ein Lächeln im Einkaufsladen, ein Tanz mit deinem Kind, ein Blick in die Wolken …

Zur Erinnerung an diese schöne Einschlafzeremonie hilft eine Notiz neben dem Bett, zum Beispiel auf einer schönen Postkarte.

Ist das normal?

Ist es normal, dass …

… Lina nur auf dem Bauch schläft, nachts hellwach ist und tags höchstens ein ganz kurzes Nickerchen benötigt? Dass sie jede halbe Stunde gestillt werden will anstatt alle vier Stunden, wie es im Buch steht (das liegt vielleicht daran, dass Lina noch nicht lesen kann)? Dann plötzlich trinkt sie gar nicht mehr, sondern beißt stattdessen in die Brust, na toll! Dass sie manchmal irritierend schielt, wie ein Löwe schnarcht, sich immer noch nicht dreht, den Kinderwagen hasst, bei der Babymassage nicht liegen bleibt, im Musikgarten schief singt und sich vorwiegend von Zahnpasta ernähren will?

Ist es normal, dass Levin mindestens ein halbes Jahr hüstelt, sieben Tage lang Durchfall hat und mehr als drei Tage Fieber? Und dann beginnt er auch noch plötzlich, alle in seiner Nähe mit erstaunlicher Kraft zu hauen?

Und Lucas, der will einfach nicht krabbeln, hat nur einen einzigen Zahn, danach folgt erst mal keiner mehr? Während andere Kinder längst große Reden schwingen, spricht er noch kein Wort, stattdessen hat er allerdings eine ausgeprägte Vorliebe für das Spielen mit Papas Lieblings-CDs und Omas wertvollen Vasen?

Ist das wirklich alles normal? Die Antwort lautet: Ja.

Du hast nämlich keine Mia Mustermann und keinen Moritz Mustermeier, du hast ein kleines, feines Individuum. Das wird in keinem einzigen Buch beschrieben: wie es ist und was es macht und was es mag und was es nicht mag. So ist das mit dem einzigartigen Wunderwesen, das mit dir lebt.

Und wie normal bist du?

Und wie steht es mit dir? Ist es normal, dass du Spielplätze, Bauklötze oder Puzzles entsetzlich langweilig findest und daher konsequent meidest? Ist es normal, dass du mit deinem entzückenden Baby spielst und nach drei Stunden vollkommen erschöpft auf die Uhr blickst, um festzustellen, dass in Wirklichkeit erst drei Minuten vergangen sind?

Ist es normal, dass du eben noch jedem Passanten ungefragt erklärt hast, bei deinem Kind handele es sich um unseren zukünftigen Bundeskanzler oder die baldige Präsidentin – wehe, jemand spricht nicht liebevoll mit diesem Baby! Und am selben Tag noch schnauzt du ebendieses Genie unwirsch an, weil es nicht aufhört, an deinem Pullover zu zerren?

Ist es normal, dass du dich vorhin entspannt neben ein engelsgleiches und müdes Kind gelegt hast, um ihm geduldig zwanzig Mal »Guten Abend, gute Nacht« vorzusingen? Und jetzt – Stunden später – sitzt du immer noch am Bett, kurz vor dem größten Nervenzusammenbruch deines Lebens? Denn der oder die Kleine hüpft hellwach auf und nieder und denkt nicht im Traum ans Einschlafen, während dir durch den Kopf geht, was du eigentlich alles erledigen müsstest? Und ist es normal, dass du nach einer Woche Erkältung deines Kindes überzeugt bist, vollkommen durchzudrehen, weil du seit Tagen keinen einzigen klaren beziehungsweise überhaupt keinen Gedanken fassen konntest?

Ja. Normaler geht's eigentlich gar nicht.

Das Faszinierende dabei ist, dass wir zwar schnell in Rage geraten, doch ebenso schnell wieder bei uns sind, wenn die Situation sich wieder entspannt hat. Hört das Zupfen am Pullover auf, ist das Kind schließlich eingeschlafen oder wieder gesund, dann sind wir in der Regel sofort aufs Neue bereit, alles zu geben und uns über alles zu freuen.

Und es ist ganz normal, verschieden zu sein. Unsere Kinder entwickeln sich unterschiedlich. Wir Eltern fühlen unterschiedlich. Normal gibt es also gar nicht. Auch wenn wir das verwirrend finden. Aber das ist: total normal!

Auch das noch: Hormone und andere Sorgen

Na, vielen Dank. Da ist man sowieso todmüde, schleppt sich mühsam, aber tapfer durch die ersten Monate, und tatsächlich kommt dann irgendjemand und verkündet schlau, man habe offensichtlich Stilldemenz und die Hormone spielten verrückt. Bei mir hieß es in der aufwühlenden Zeit mit neugeborenem Baby bei allem und jedem: »Liegt an den Hormonen.«

Soll also die Hormonumstellung durch das Stillen Ursache sein für *alle* Stimmungsschwankungen und Vergesslichkeiten? Dazu lässt sich nur anmerken, dass jeder, der alle zwei Stunden aus dem Schlaf gerissen wird, am Tag ordentlich stimmungsschwankend und vergesslich ist. Und wenn sich dieser Umstand über Monate hinzieht, dann kann ich nur sagen: Halleluja! Das geht den Müttern so und den Vätern auch. Das geht aber auch Menschen ohne Kinder so, wenn sie nach einer Reise am Jetlag leiden oder vor lauter Sorgen nicht in den Schlaf finden – und das ganz und gar ohne Hormonumstellung. Den Zustand der jungen Mama nur auf die Hormone zu reduzieren trifft jedenfalls nicht den Kern der Sache. So viele Veränderungen, wie in dieser Zeit stattfinden, wirbeln einfach alles durcheinander: Unsere Freundinnen haben einen ganz anderen Tages- und Nachtrhythmus und sind nicht mehr zu erreichen: Wenn sie ausgehen, versuchen wir zu schlafen, und wenn sie nachts von der Party ins Bett fallen, stehen wir wieder auf, um unser kleines Zuckerkind zu trösten. Wir sind getrennt von unserer bisherigen Welt und von jetzt an nur noch im Zweierpaket mit Baby anzutreffen, auf das wir uns ganz und gar konzentrieren wollen, aber auch müssen. Während wir vorher ein selbstbestimmtes Leben führten, sind wir nun stündlich (tags und nachts) auf die manchmal rätselhaften Äußerungen unseres klitzekleinen Kindes fixiert. Und das ist neu, faszinierend, wunderbar, anstrengend – und auch furchtbar ermüdend.

Falls dir also ein Schlaumeier diese Weisheiten mit den Hormonen unterjubeln will, dann nimm die Gelegenheit wahr und bitte ihn, dich zu unterstützen: zu besorgen, was du vergessen hast, und dazu am besten noch, was ihm für dich Schönes einfällt. Vielleicht kann er das Baby gleich mit auf den Einkaufsspaziergang nehmen und du schläfst mal richtig aus? Ihr werdet bei dieser Gelegenheit augenblicklich beobachten können, wie schnell sich die Stilldemenz in einen ungeahnten Energieschub mit vollkommen intaktem Erinnerungsvermögen verwandelt.

Rund oder blass? Über Figürlichkeiten

Falls du dich über deine Figur ärgerst, die früher schlank, rank und total sportlich war (psst: War das wirklich so?), dann denke einfach nicht weiter darüber nach! Deine Figur und auch deine Beweglichkeit kommen wieder.

Ich selber habe in der Schwangerschaft bestimmt zwanzig Kilo zugenommen, die sich nach drei Jahren langsam verdünnisierten, um es sich beim zweiten Kind binnen kürzester Zeit wieder gemütlich zu machen. Noch Jahre nach der Geburt fragte man mich: »Oh, ist wieder ein Kind unterwegs?« Heute schwanken die »Muffin-Tops« und ich in einem harmonischen Auf und Ab. Und auch du wirst garantiert wieder zu deinem Ursprungskörper finden. Nämlich dann, wenn du von Schaukel zu Rutsche fegst und den Weg zwischen Spielplatz und Ampel in einem ungeahnten Tempo zurücklegst, damit dein Kind nicht unversehens auf die Straße flitzt. Aber jetzt darfst du dir ruhig mal etwas Köstliches zur Nerven- und Körperstärkung gönnen! Dem Baby tut das auch gut: ein paar Stunden später in Milchform an »Mamas Tankstelle« oder in Form deiner guten Laune.

Dasselbe betrifft auch diejenigen, die überhaupt nicht mehr essen, weil sie es vor lauter Trubel vergessen. Auch du kommst wieder zu Kräften. Das Allerbeste ist, der Partner, ein guter Freund oder die eigene Mutter kochen ein bisschen mehr und passen auf, dass du genug zu essen bekommst. Liebe geht bekanntlich durch den Magen und das ist es, was Mama jetzt braucht. Allerdings darfst du nach der ersten Babyzeit auch selbst wieder auf deine Ernährung aufpassen und auf dich und deine Grundbedürfnisse Rücksicht nehmen, die da wären: Zeit für dich, essen, trinken und schlafen.

Was steckt eigentlich hinter dem Wunsch, anders sein zu wollen als jetzt? Schlanker, schöner? Gedanken wie »…dann wäre alles besser…« sind eine Falle. Oft ist in Wirklichkeit dahinter etwas anderes verborgen. Vielleicht fehlt dir Aufmerksamkeit oder Anerkennung, vielleicht sogar Anerkennung von dir selbst? Du kannst nachsehen, was dir wichtig ist und nicht genug beachtet wird. Vielleicht kannst du dieses Bedürfnis erfüllen, das sich gerade äußert: Dir selbst etwas ganz besonders Schönes gönnen.

Mein eigener Wunsch, binnen kürzester Zeit fit zu sein, um mein Kind viel tragen zu können, hat sich nicht gleich erfüllt. Es dauerte noch eine Weile, bis ich wieder so weit war. Dabei durfte ich allen wohlmeinenden Ratschlägen zum Trotz feststellen: Auch Babys, die nicht immer im Tragetuch getragen werden, sind zufrieden. Es gibt so viele andere Möglichkeiten, für Geborgenheit durch körperliche Nähe und Wärme zu sorgen. Aber der Kurs für den Rücken in einer anderen, wohltuenden Umgebung, der war vielleicht wunderbar!

Den eigenen Körper wieder wahrzunehmen, eine Stunde ganz bei sich selbst zu sein, das kann zum Highlight der Woche werden. Bewegung tut so gut, nicht etwa nur, um besser auszusehen, sondern auch, um sich im eigenen Körper wahrzunehmen und wohlzufühlen – ganz und gar unabhängig davon, wie wir vielleicht gerade unsere Figur beurteilen.

Es spricht nichts dagegen, trotzdem Pläne zu schmieden, was du gerne ändern möchtest, wie du dich am wohlsten mit dir fühlst und was dabei hilft. Vergiss aber nie: Du bist gerade schön, innen und außen – vielleicht ein bisschen blasser als sonst oder kurvenreicher. Aber schön bist du!

Langeweile? Gibt es nicht

Gibt es etwas Schöneres auf der Welt, als auf einer Kuscheldecke neben dem süßesten Baby der gesamten Menschheit zu liegen und sein atemberaubendes Wachstum durch liebevolles Schäkern und Kichern zu begleiten?

Ja. Zum Beispiel mit einer Freundin um Mitternacht endlich wieder ins Café zu gehen, mit Fred gefühlte drei Stunden ungestört zu baden (wer ist bitte schön Fred!?), einen geistreichen und anerkannten Job zu erledigen und dafür Geld zu bekommen (wow!) – und danach: gerne wieder auf der Kuscheldecke das Baby genießen.

Falls du dich mitten im angespanntesten Babystress trotzdem unendlich langweilst und dich mit wickeln, füttern und bespaßen nicht wirklich erfüllt fühlst, tröste dich: Es ist nur eine ziemlich kurze Phase, auch wenn sie sich, während man gerade drinsteckt, manchmal ewig anfühlen kann.

Ich selbst befürchtete in der Wochenbettzeit zu sterben. Das lag nicht am Kind, das lag an der ungewohnten Situation: Tag für Tag von morgens bis abends alleine mit einem Säugling, sah ich mein Ende nahen. Aber mir kam das Gefühl latent bekannt vor. Das ist nämlich in allen Lebensbereichen hin und wieder so, nicht nur mit Baby. Früher in der Schule, später bei der Arbeit, sogar beim Sportkurs, mit dem Partner, in den Ferien gibt es Langeweile. Du hast es sicher erlebt, dass Phasen großer Aufregung und Hektik von denen des Überdrusses abgelöst werden. Und zwischendurch gibt es immer wieder Phasen der Erfüllung.

So ist das überall, auch zu Hause mit Kind. Da ist man in der Regel zwar alleine – aber im Vergleich zu einem Großraumbüro ist das gar nicht so schlimm, denn aus dieser häuslichen Isolation kannst du ziemlich schnell heraus, wenn du deine Siebensachen packst und an einem der Kinderangebote in der Nähe teilnimmst oder eins initiierst, falls dich ein Anfall von Tatkraft überkommt. Vielleicht findet sich dort sogar eine gleichgesinnte Mutter, mit der du gerne viele Unternehmungen machen wirst.

Gerade etwas einseitig

Etwas anders als mit dem »Kümmernis der Langeweile« ist es mit unserer Energie. Manchmal können wir uns wie ausgelaugt fühlen vom vielen Geben. Wir machen und tun unaufhörlich: stillen, Fläschchen erwärmen, wickeln, Beikost einführen, Lätzchen erneuern, Fußboden staubfrei halten zum Krabbeln und vieles mehr. Wir schenken dem Baby unseren Schlaf und unseren halben Verstand. Unsere volle Aufmerksamkeit, manchmal auch unsere Atempausen.

Wir geben unsere Zeit, unsere Kraft, manchmal all unsere Gedanken und unsere Konzentration – und bekommen ein süßes Lächeln zurück. Wenn überhaupt. Doch es geht nicht ums Wiederbekommen, wie wir es sonst in unserem Leben, aus unseren Beziehungen mit anderen Menschen kennen. Das Wichtige dabei ist: Das ist der Weg der Dinge, das ist gerade so, es ist sogar gut. Aber es ist auch anstrengend, weil wir nach ein paar Monaten den Eindruck haben, dass unsere Energie verschwunden ist.

Aber wir haben viel mehr Energie, als wir ahnen, und können uns Unterstützung suchen, wenn wir sie brauchen.

Bald wird unser Baby aus dem Säuglingsalter herauskommen. Diese Kraft, die wir ihm gerade gegeben haben, wird zu seiner. Die hat es zum Wachsen und Glücklichsein. Die kleinen Energiebündel, die zum Leuchten noch unsere Energie brauchen, werden immer mehr von selber strahlen. Eines Tages sitzen wir mit ihnen am Tisch und lauschen ihren philosophischen Gedanken über die Welt, hören ihre Wortschöpfungen und Witze, über die wir lachen, und wir erleben gemeinsam spannende Zeiten – mit unseren neuen Gesprächspartnern.

Mein Baby schreit!

Oh. Entschuldigung, ich muss zu Lea flitzen… Sie tobt fürchterlich in ihrem Bett. Wirklich! Sie weiß wohl, worüber wir nun sprechen wollen, und möchte besonders beispielhaft vorangehen. Bis gleich, dauert bestimmt nicht lange. Lea schläft immer ganz schnell wieder ein!

Stunden später, bin zurück, sie hat sich endlich beruhigt und ich bin erst mal erledigt.

Ja, ein Kind, das oft oder besonders lange schreit, macht sich selbst und uns das Leben im Moment vielleicht schwer. So schwer, dass wir es manchmal sogar »Schreibaby« nennen, obwohl das bestimmt nicht die Persönlichkeit des Kindes beschreibt – wer nennt sein Kind schon gerne so? Aber dies zeigt deutlich, wie furchtbar das Schreien uns belasten kann.

Unabhängig davon, ob es sich um ein »zertifiziertes Schreibaby« handelt oder nicht: Ein lauthals brüllendes Baby ist anstrengend und ruft viele, manchmal verzweifelte Fragen hervor. Ich fragte mich in diesen Nächten, ob es eigentlich schlimm wäre, wenn eine Mama ihren Verstand komplett verliert – vielleicht fällt es ja gar nicht weiter auf?

Manchmal erleben wir uns dann selbst nur noch erschöpft, gestresst, am Rande des Nervenzusammenbruchs, vielleicht auch gelähmt oder aggressiv. Nicht gerade die harmonische Einheit in warmen Sonnenstrahlen, wie sie während der Schwangerschaft von der Babywerbung ausgemalt wird. Im Beipackzettel stand vom nie enden wollenden Schreien jedenfalls nichts! Nun treten diese Erscheinungen völlig unverhofft auf und dazu gesellen sich auch noch die Nachbarn mit ihren sorgenvollen bis skeptischen Blicken – oder bilde ich mir das nur ein? Das angeblich Wertvollste im Leben macht plötzlich ohnmächtig, einsam, müde und wir fühlen uns hilflos, inkompetent und schuldig? Das ist nicht Sinn der Sache. Darum ein paar wichtige Hinweise, die helfen können, das Schreien zu begreifen:

»Good-to-Knows«, wenn unser Baby schreit

Schreien und Schimpfen als Ausdrucksmittel

Das Schreien und Schimpfen eines Säuglings ist neben einem eventuellen Hinweis auf körperliches Unwohlsein auch ein wichtiges Ventil für seine Erfahrungen. Denn es erlebt täglich unglaublich viel Neues und Abenteuerliches, wovon es in seiner vorherigen Existenz während der neun Monate in seinem ruhigen, gemütlichen Zuhause in Mamas Bauch nichts ahnte. Von Tag zu Tag entwickelt sich sein Bewusstsein und es nimmt Dinge wahr, die ihm neu sind. Und täglich wächst sein kleiner Körper und unser Kind erfährt dabei enorme Veränderungen: Nahrung aufnehmen, wachsen und noch mal wachsen, immer bewusster werden. Diesen Prozess erlebt es genau jetzt – und es ist dabei, die Eindrücke zu verarbeiten, ziemlich lautstark, denn das Leben ist ja auch eine ausgesprochen aufregende Angelegenheit.

Vielleicht werden wir dabei Folgendes bemerken: Unser Kind darf schreien. Dies ist eine Form der Selbsterfahrung. Es darf seinen Schwierigkeiten bei der Ankunft in diese große, auch fremde Welt Ausdruck verleihen. Es ist entlastend zu wissen, dass auch die liebevollste Mutter manchmal nicht alle Schwierigkeiten für ihr kleines Kind auf einmal lösen kann. Aber du kannst dabei trotzdem unterstützend sein: Einfach da sein. Ruhig und liebevoll. Du musst die Situation nicht sofort ändern können.

Schreibabys sind meistens gesund

Sogenannte Schreibabys sind in der Regel gesund, so die Deutsche Gesellschaft für Kinder- und Jugendmedizin e.V.* aus Berlin. Auch später haben sie keinerlei Nachteile gegenüber Babys, die keine lang anhaltenden Schreiphasen hatten. Das Schreien des Babys ist kein Zeichen einer lebenslangen Krankheit. Dass es hierfür keine kontinuierlichen Selbsthilfegruppen gibt, ist der sichere Hinweis darauf, dass das Problem sich in der Regel während der ersten zwei Lebensjahre löst. Das ist wirklich sehr lange, aber nicht unendlich.

Schimpfende Babys gibt es überall

Babys, die ganz besonders viel schreien, gibt es unabhängig vom Verlauf der Schwangerschaft oder der Geburt. Auch unter Kindern, die gestillt werden, und Kindern, die ein Fläschchen bekommen, gibt es gleich viele Schreikinder. Sie können in allen Familien auftauchen: in temperamentvollen, in seelenruhigen, in krisengeschüttelten und in gemäßigteren. Auch in Naturvölkern gibt es Schreibabys, weiß die Stiftung Kindergesundheit* aus München beruhigend. Sie interessieren sich nicht für die Herkunft und auch nicht für den Charakter der Eltern.

Wir hätten also nicht noch schnell vor der Geburt eine Psychoanalyse durchführen, einen Philosophiekurs belegen und keinen Streit mit dem großen Bruder vom Zaun brechen sollen. Wir hätten auch nicht die Schwangerschaft über bester Laune in einer Hängematte in der Sonne verbringen sollen (obwohl das guttut und ärztlich verschrieben werden müsste). Wir konnten genau das tun, was wir getan haben.

Ist mein Baby bei mir nicht glücklich?

Manchmal landet man beim lautstarken Schimpfen des Babys mitten in verzweifelten Fragen wie: »Ist mein Kind bei mir nicht glücklich? Mache ich alles falsch? Liebt mich mein Kind überhaupt?« Diese Gedanken begegnen jeder Mutter ab und an mit ihrem Kind. Streit, Trotzphasen, Gelangweilt-Sein, Zurückweisung, Nicht-kuscheln-Wollen, Nörgeleien, kein Appetit oder die berühmte Pubertät, all das kann stets aufs Neue mütterliche Selbstzweifel auf den Plan rufen. Aber für alle diese Phasen gilt: Mach dir keine Sorgen. Ob du es glaubst oder nicht: Dein Kind liebt dich. Dein Kind wird dich vielleicht nicht immer »super« finden, es wird auch (viel später) vielleicht ganz und gar an uns Eltern zweifeln (oje, wahrscheinlich hat es zu allem Übel damit recht), aber es wird dich immer lieben.

Ursachenforschung

Das Wichtigste ist, dass du weißt: Ich mache nichts falsch. Und ich finde einen Weg. Auf diesem Weg wirst du Ursachenforschung betreiben und feststellen, ob das Schreien einen bestimmten Grund hat. Dann kannst du es verstehen, besser ertragen und nach und nach lösen.

Die möglichen körperlichen Ursachen zeigen, mit wie viel ein Baby zu kämpfen hat, wenn es auf die Welt kommt: Erkältungen, Bauchweh, Koliken, Verdauungsproblemen (der Magen ist ja gerade dabei, alles neu zu lernen). Vielleicht trinkt das Kleine zu schnell und schluckt dabei viel Luft? Oft kann der Nacken als Folge der Geburt schmerzen und Geräusche oder Erlebnisse können beängstigen. Manchmal sind es mehrere Aspekte gleichzeitig, die unser Kind beunruhigen. In der Psychologie wird angenommen, dass das Schreien ein ganz natürlicher Teil der Entwicklung ist, den wir als solchen akzeptieren müssen, bis er von selbst beendet ist.

Eine Elternberaterin, selbst Mutter dreier Schreikinder (heute allesamt erwachsene zufriedene Kerle), rät Folgendes – aufgepasst, jetzt kommt's, das große Geheimnis: Tragen, trösten, schunkeln. Mehr nicht.

Während ich selbst beim ersten Kind dachte, das Weltende naht, blieb ich beim zweiten Kind entspannt und gelassen. »Lass es raus, Baby! Was auch immer es ist, was dich da gerade beschäftigt.«

Und ich?

Bei aller Ursachenforschung ist es schließlich besonders wichtig, dass du dich nicht nur ausschließlich damit beschäftigst, wie du dein Kind beruhigen kannst, sondern auch damit, wie du dich selbst besänftigst.

Der Zustand, als Mutter oder Elternpaar rund um die Uhr für ein Baby zuständig zu sein, fordert uns heraus und es ist einfach nicht machbar, dabei immer milde lächelnd und vollkommen ausgeglichen zu sein. Diese Situation ist eine Ausnahmesituation. Das sollten wir nicht vergessen und uns genau darin Freiräume zugestehen, die wir uns unter anderen Umständen vielleicht nicht gönnen würden (allerdings immer sollten).

Mir hat es gutgetan, wenn möglich, auch mal alleine rauszugehen, spazieren zu gehen. Mit Köpfhörern auf dem Sofa dösen, während Papa die Ohren für die Kinder offenhält und mich im Notfall weckt.

Manchmal ist dir vielleicht nicht nach Singen und Springen, dann bist du eben einfach etwas stiller. Das ist vollkommen in Ordnung.

Gespräche mit anderen Eltern können hier unglaublich hilfreich sein: mit denen, die gerade dasselbe erleben, und mit denen, die es hinter sich haben und wissen, dass diese Phase vorbeigeht. Manchmal haben sie auch Anregungen, wie sie schneller vorbeigeht. Es kann sogar ein kleiner Trost sein, wenn wir wissen, dass bei den anderen manchmal auch nichts hilft.

»Die Schweizer Yogalehrerin Gertrud Hirschi* rät für Zeiten des Wandels, in denen man besonders gefordert ist, immer einen Schritt nach dem anderen zu tun und jeweils nur einen Tag vorauszuschauen. Überhaupt sollte man sich diesen Tag so angenehm wie möglich einrichten. Indem man derart einen Tag nach dem anderen hinter sich bringt, könne man nicht nur die eigenen Kraftreserven erhalten, sondern sogar Kraft daraus schöpfen. Irgendwann sind die schweren Zeiten dann vorüber, Dinge und Umstände ändern sich ganz heimlich, still und leise zum Guten und die Last wird von unseren Schultern genommen.«

Schleicht sich hinterrücks ein bohrendes Schuldgefühl ein, lass es gleich an dir vorbeisausen. Hier ist kein Gefühl von Schuld, Selbstzweifel, Mangel oder Inkompetenz angebracht (oder was einem sonst noch alles einfallen kann, wenn man ratlos ist).

Notfallapotheke

Was tun, wenn keine Geduld mehr da ist, wenn der Akku alle ist? Unweigerlich gibt es Situationen, in denen du einfach zu erschöpft bist und denkst, du kannst nicht mehr weiter. Besonders, wenn du allein bist und das Baby nicht aufhört zu schreien. Wenn du es am liebsten schütteln willst vor Verzweiflung. Aber das wäre absolut lebensgefährlich für dein Baby und darf unter keinen Umständen passieren!

In so einer Ausnahmesituation ist es hilfreich, kurz (!) raus aus dem Zimmer zu gehen, nachdem du dich vergewissert hast, dass dein Kind in Sicherheit ist und ihm nichts passieren kann. Es ist besser, nicht vor Erschöpfung und Wut zu platzen oder aber die angespannte Energie mit aller Kraft in sich zurückzuhalten. Anschließend geht's zurück, ein kleines bisschen ruhiger, so als wäre ein neuer Tag, eine neue Situation.

Die Meinung der anderen

Falls du dir Gedanken machst, was andere dazu meinen, womöglich die Leute auf der Straße, an denen du mit dem »brüllenden Kinderwagen« vorbeigehst, oder befreundete Eltern, Mütter aus der Krabbelgruppe und die Verkäufer im Laden, dann lass diese Gedanken schnell sausen. Sprich die Nachbarn direkt an, von denen du befürchtest, das Schreien könne sie stören oder sie tippten gerade die Telefonnummer vom Jugendamt ein. Meistens reagieren sie ganz anders als erwartet. »Ach so? Wir hören nichts«, sagten meine zum Beispiel. »Wir dachten, euer Kind ist das friedlichste der Welt. Aber hört ihr denn nicht unsere Elsa, wenn sie morgens die Becher auf den Boden schmettert?«

Es ist nicht wichtig, was andere denken oder unserer Ansicht nach meinen könnten. Wir dürfen stattdessen staunen, wie viel Kraft und Liebe wir mobilisieren können, auch wenn die Anforderungen hart an unsere Grenzen gehen. Und sollte die Kraft mal ganz verschwunden sein, dann ist das ein wichtiges Zeichen: Spätestens jetzt ist eine Pause zum Luftholen fällig!

Tricks sind erlaubt

Es gibt die seltsamsten Tricks. Als mal von Eltern gesprochen wurde, die mit ihrem Kind nachts im Auto um den Block fuhren, damit es sich beruhigt, kam mir das reichlich verrückt vor. Ich lachte mich kugelig über die Freunde, die ihr Baby im Maxi-Cosi auf die laufende Waschmaschine stellten – deren Baby jedoch fand das extrem beruhigend. Wenn jemand gestand, sein Baby nachts vor den Monitor zu Ernie und Bert zu setzen, fasste ich mich an die Stirn. Heute sehe ich das vollkommen anders: Sie haben etwas, das klappt. Hervorragend! Das Staubsaugen in der Nacht, das ihr Baby besänftigen konnte, das gucke ich mir vielleicht ab. Und wenn alle Stricke reißen, ab ins Auto. Der Einsatz eines Föns kam bei Felix besonders gut an, wenn er nachts schlechte Laune bekam. Bin ich froh, dass es diese Möglichkeiten gibt!

Als das Einschlafen mit der Zeit besser klappte, kamen die nächsten Hürden: Bei dem Versuch, sie zu wickeln, entpuppten sich meine bis dahin lammfrommen Kinder plötzlich als entschlossene Meister der akrobatischen Entfesselungskunst und quietschten in Tönen, mit denen der hartnäckigste Tinnitus nicht konkurrieren kann. Ich träumte heimlich von warmen windelfreien Sonnenländern. Keine Quälerei durch An- und Ausziehen oder wunden Po. Die Sehnsucht nach anderen

Kontinenten half leider nicht, stattdessen waren es Ohrenstöpsel, klein, aber mit großer Wirkung, die unser wackeliges Familienleben ins Lot brachten, auch wenn mich Besucher entsetzt anstarrten. So eine Mutter ist das hier? Hört einfach nicht mehr hin, wenn die Kinder schreien? Egal, denn ich hörte Felix und Lea trotzdem sehr gut, aber mein Notfall-Hilfe-Adrenalinspiegel blieb im Normalbereich und die Nerven auch. Dieser gewisse Notfall-Punkt, der sich tief im Rückenmark zu befinden scheint, blieb nun unberührt.

Auf Dauerpower angestellt, kann das Babyschreien uns offensichtlich schlichtweg in den Abgrund treiben. Niemand auf der Welt hält eine unaufhörliche Sirene aus, ohne an sich, am Kind, an allem zu verzweifeln. Dieser seltsame, von der Evolution ganz tief eingebaute Notschalter, den ein Kinderschreien auslösen kann, damit die Eltern ihr Baby augenblicklich retten, schlug also diesmal nicht um in Panikstufe zwölf »Lebensgefahr, Tiger kommt auf uns zu!«, sondern blieb auf »Wir wickeln bloß, Kleine/r, das muss leider sein, auch wenn es unangenehm ist. Gleich ist es vorbei«. Übrigens, wen mag das erstaunen: Nach einer Weile verschwand die Wickelphobie der Kinder und sie ließen diese notwendige Prozedur friedlich über sich ergehen.

Es wird manchmal so sein, dass ein ungeahnter, harmloser, seltsamer, schräger, kleiner oder großer, billiger oder teurer Trick dir helfen wird, eine Phase durchzustehen. Du wirst Schwächen zulassen und Kräfte entwickeln, um diese Zeit der Anspannung auszuhalten und zu lösen – und diese Ressourcen wirst du für den Rest des Lebens behalten. Dein Kind wird nicht schimpfen, schreien oder gar leiden, bis es achtzehn ist. Auch nicht, bis es drei ist. Du siehst, wir verhandeln hier gerade … Vielleicht ist es sogar nächste Woche schon vorbei. Du lebst sozusagen von Woche zu Woche. Wie bei einer heftigen Grippe. Wie bei Liebeskummer. Wie so manches Mal in diesem Leben.

 Wellenreiten

Versuche nicht nur, etwas gegen das Schreien zu unternehmen, sondern auch, dich mit dem Baby hinzusetzen, es trotzdem bei dir zu halten, umherzugehen, die jetzige Situation zu akzeptieren.

Hilfe von außen

Verantwortung in besonders schwierigen Zeiten zu übernehmen, kann auch heißen, Hilfe von außen in Anspruch zu nehmen, auch, wenn man sich manchmal zunächst nicht traut. Viele Menschen können bei der Klärung möglicher Ursachen helfen: die Kinderärztin, die Schreiambulanz, das Krisengespräch bei einer Therapeutin, die Osteopathin oder der Heilpraktiker deines Vertrauens. Das Wichtigste dabei bleibt: Hab keine Selbstzweifel. Was auch immer geschieht, behalte dein Selbstvertrauen. Oder finde es wieder. Das Einzige, was du brauchst, ist noch ein bisschen Geduld.

Dieses Kind, das dir jetzt den allerletzten Nerv raubt – durch sein Schreien oder auf andere Weise –, wird dir in einem anderen Moment etwas geben, das dich glücklich macht. Jetzt bist du der Fels in der Brandung (so gut es eben geht), eines Tages wird es dein Kind sein. Das ist natürlich nicht seine Aufgabe, es ist nicht dazu da, dein Fels in der Brandung zu sein, aber es wird Augenblicke geben, in denen allein sein Dasein dir Ruhe gibt und Stabilität.

Wer kennt dein Kind am besten?

Du weißt bestimmt, worauf ich nun hinauswill: Natürlich kennst du dein Kind am besten. Wer sonst? Und trotzdem sind wir manchmal vollkommen unsicher, was das Richtige für unser Kind ist, was wir um Himmels willen machen sollen, wenn es übergangslos von einer Trotzphase in die nächste rutscht, wenn es nachts aufwacht und weint, wenn es nicht gut isst und vieles mehr. Aber du bleibst die Person, die dein Kind am besten kennt, auch wenn du manchmal das Gefühl hast, du verstehst es überhaupt nicht mehr. Das geht einem mit jedem Menschen mal so. Warum also nicht auch mit dem kleinen Wesen an deiner Seite?

Vielleicht erscheinen dir deine eigenen Vorstellungen nicht als die fundiertesten und furchtbar subjektiv nach Wetterlage und Stimmung gefärbt? Subjektiv sind die Sichtweisen aller anderen übrigens auch – die der Wissenschaftler, Ratgeberautoren, Freundinnen, Schwiegermütter oder Wahrsager. Auch die Lieblingskinderärztin trifft eine Auswahl aus einem Fundus fachwissenschaftlicher Tendenzen. Selbstverständlich muss das subjektiv sein, denn sonst kann sie nicht eine Linie professionell verfolgen. Auch wenn es noch so sachlich klingt, sogar ihre Interpretation der Untersuchungsergebnisse ist letztendlich subjektiv. Viele Menschen werden dich unterstützen, beraten und ergänzen. Gleichzeitig kannst du dich getrost grundsätzlich auf dich verlassen. Du bist dein eigener Profi in Sachen »mein Kind und ich«.

Es kann trotzdem vorkommen, dass du dein Baby mal gar nicht verstehst. Und schlagartig hältst du dich, die großartigste Mama, die du je getroffen hast, für vollkommen unfähig, wenn nicht gar gänzlich ungeeignet für diesen Job. Tatsache ist: Für diesen Job bist du am besten geeignet. Trotz gelegentlicher abgrundtiefer Ratlosigkeiten. Mach dir nur einmal bewusst: Das Baby versteht sich wahrscheinlich selbst auch noch nicht genau, schließlich ist es hier neu und muss erst mal herausfinden, wie die Spielregeln sind, wie es sie einhält oder wo es sie auch mal mit hartnäckigem Protest zu seinen Gunsten verändern kann.

Mir ist es beispielsweise ein vollkommenes Rätsel, warum Lea stundenlang wach ist und lautstark brüllt, obwohl sie total müde ist, das sieht man doch an ihren Augen! Ich wäre jedenfalls verdammt selig über ein paar Stunden Schlaf! Und warum isst Felix seit drei Tagen nichts? Er muss doch Hunger haben! Ich habe keinen blassen Schimmer. Auch sämtliche Ratgeber erweisen sich plötzlich als erschreckend ratlos.

Na ja, Lea braucht wohl gerade nicht so dringend Schlaf wie ich und Felix hat anscheinend was Besseres zu tun, als zu essen. Der Appetit wird mit ziemlicher Sicherheit von selbst wiederkehren. In unserem Fall kam er schon am nächsten Tag wieder angaloppiert. Und dass Lea nachts wieder recht gut schläft, ergab sich auch von selbst. (Gestern allerdings ist sie um vier Uhr nachts ins Zimmer gewankt und rief: »So! Aufstehen allerseits!«) Vieles, was uns momentan unlösbar erscheint, löst sich nach und nach, oft sogar von selbst.

Aber was tun in diesen Momenten der Ratlosigkeit? Oft fühlen wir uns allein und beim besten Willen fällt uns niemand ein, der jetzt helfen, da sein und Fragen beantworten könnte. Stimmt, so ist es auch mal. Manchmal braucht die Antwort einfach ein bisschen auf dem Weg zu dir. Aber keine Sorge, sie ist schon unterwegs. Wir haben ein feines Gespür für die innere Wahrheit, die sich offenbar manchmal etwas Zeit lässt, um aufzutauchen. Und dann: Ach, das ist es – das ist die Lösung!

 Mother's Finest

Wenn du zwischendurch denkst, du seist nicht geeignet fürs Elternsein, erinnere dich daran: »Wenn es hier eine Richtige gibt, dann bin das ich, basta!« Und dann lässt du die Zweifel da, wo sie sind. Du musst sie nicht beiseiteschieben. Sie merken schon von selbst, dass sie nicht nötig sind.

Allein – manchmal »leider« und manchmal »zum Glück«

Stimmt, man ist allein. Wir sind allein. Eigentlich immer, meistens merken wir es nur nicht so genau. Alleinsein bedeutet aber nicht Einsamkeit, sondern im Gegenteil: mit allem eins. Ganz wörtlich: eins mit dem All. Wie auch immer das bei dir ankommt: wenn du in den Himmel siehst, die Sterne, die Weite, die Natur, die Sonne … Du bist mit dieser Welt verbunden, mit der Luft, einfach mit allem. Du bist nicht einsam. Deine Fragen haben viele, deine Wünsche werden gehört – vom Leben. Denn du bist in dieser Welt. Hier und jetzt, allein oder mit anderen kannst du fühlen: Da bin ich. Hier bin ich.

Hurra,
ein perfektes Kind

Es ist also alles ganz normal, was uns mit unseren Kindern passiert. Es wäre allerdings auch ganz schön, wenn es etwas einfacher wäre. Unkomplizierter und idealer vielleicht?

An den richtigen Stellen wären sie lieb (diese Stelle wäre beispielsweise in Mamas Armen) und vernünftig (etwa ein fröhliches »Na klar!« auf die Bitte, den Tisch zu decken).

Ideal in jeder Hinsicht kämen unsere Kinder wunderbar durchs Leben. Sie hätten keine Probleme, könnten sich gut durchsetzen und prima abgrenzen, wenn nötig.

Stattdessen sind sie aber kein bisschen perfekt, sondern einfach nur so, wie sie eben sind. Mal zum Anbeißen und mal unmöglich. Anders, als wir es je beschreiben könnten. Denn sobald wir das versuchen, haben wir sie – schnapp! – in eine Rolle gedrängt. Viel zu eng.

Wenn ich eben noch konstatierte, mein Felix sei ein ziemlich unsensibler Grobian, kann es sehr gut sein, dass er gerade mit Lea Rollenspiele macht und sich dabei als liebevoller, zärtlicher Kompagnon erweist. Und wenn ich mich schon darauf freue, mit der sanften, ruhigen Lea zu schmusen, kann es gut sein, dass sie darauf gerade absolut keine

Lust hat und mich – wie soll ich sagen – unsensibel und ganz wie ein Grobian von sich schiebt.

So, wie wir uns Bilder von uns selbst machen, so machen wir auch welche von unseren Kindern. Schon bei der Suche nach einem Namen für unser Baby sind wir, ohne es zu ahnen, dabei, unsere eigenen Träume auf unser Kind zu projizieren. Klingt der Name bedeutsam, lieblich, originell? Vielleicht ist ein Verwandter namensgebend oder eine Freundin Vorbild?

Ist das nun falsch, dass wir uns dieser Projektionen nicht bewusst sind? Nein, das ist nur unser liebenswertes Bedürfnis, das Beste für unsere Kinder zu wollen. Aber wissen wir denn, was das Beste für sie ist? Nein, zum Glück nicht, denn dann können sie es im Lauf ihres Lebens selbst herausfinden.

Wenn wir nicht auf unseren Vorstellungen von unserem Kind beharren, bleibt unser Blick lebendig für seine Entwicklung. Dann können wir uns immer wieder überraschen lassen, wie sich diese kleinen Persönchen kontinuierlich verändern.

Haben wir nämlich ganz klare Vorgaben davon, wie unser Kind sein sollte, dann können wir uns darauf verlassen, dass es genau das Gegenteil davon machen wird. Na, dann lassen wir es lieber seine eigene Route erkunden und stehen ihm dabei zur Seite. Mal sehen, wohin die Reise führt.

Wir können unsere Kinder zum Beispiel dazu ermuntern, mit ihren Ausdrucksmöglichkeiten zu spielen. Besonders in der Schulzeit übernehmen Kinder schnell eine bestimmte Rolle: die Anführerin, der Clown, die Streberin, der Schüchterne. Wir können ihnen vermitteln, dass sie viele Facetten in ihrer Persönlichkeit vereinen. Dass sie sich ganz unterschiedlich verhalten können. Wir können sie ermutigen, auch mal anders zu sein, als es die Klassenkameraden erwarten.

Aber auch da ist unsere Toleranz gefragt: Klar fänd ich es schön, Felix traute sich mal, für Jungs untypische Dinge zu tun, anstatt panisch zu rufen: »Iihhh, das ist doch voll mädchenmäßig.« Und es wäre auch wunderbar, Lea ginge in den Fußballverein, damit sie auf jeder Wiese mitspielen kann. (Interessanterweise kommen recht wenige Eltern auf die Idee, ihrem Sohn vorzuschlagen, zum Ballett zu gehen.) Wir können sie nicht einschränkend in eine Richtung lenken. Wir können sie anspornen, doch die Entscheidung liegt bei unseren Kindern selbst.

 Das beste Kind der Welt? Deins!

Erinnere dich immer wieder daran:

Dein Kind ist wunderbar, so, wie es ist. Zu diesem hervorragenden Kind gehört auch, dass es vielleicht Wesenszüge in sich trägt, die dir nicht so lieb sind.

Es ist manchmal viel zu laut oder viel zu frech. Entweder hängt es an deinem Rockzipfel, sodass du kaum atmen kannst, oder es ist dir viel zu distanziert und mag keine Nähe, wenn du sie gerne hättest. Es hat extreme Wutanfälle oder ist im Gegensatz zu dir vollkommen in sich gekehrt – ganz anders als du selbst eben.

Dein Kind ist eine eigenständige, besondere Persönlichkeit. Spürt es, dass du diese achtest, dass du hinter ihm stehst, machst du das Beste, was du für dein Kind tun kannst.

Babyblues

Eine schmerzliche Erfahrung ist es, wenn die Mutter sich nach der Geburt ihres Kindes mitten in einem tiefen Erschöpfungszustand wiederfindet – von Medizinern »postnatale Depression« genannt. Es vertreibt zwar nicht schlagartig den Blues, aber es hilft ungemein, wenn man weiß, um was es sich dabei handelt. Denn dann versteht man: Auch dies ist nur eine Phase. Übrigens eine, die inzwischen als ganz normal angesehen wird (auch wenn sie sich beileibe nicht so anfühlt): Siebzig Prozent der jungen Mütter sind davon betroffen, und eine Krankheit ist es nicht.

Zum Verständnis ein Beispiel: Einer der Gründe für die bisher unerklärlich schwankenden, aggressiven und auch depressiven Stimmungen von Jugendlichen im Übergang zum Erwachsensein ist der plötzliche Mangel an Glückshormonen. Der Körper ist so intensiv mit der Bildung von Wachstums- und Sexualhormonen beschäftigt, dass er sich jetzt nicht auch noch um das Glück kümmern kann! Dies geschieht bei manchen stärker, bei anderen kaum merkbar.

Ähnlich verhält es sich mit dem Babyblues – denn manchmal sind eben doch die Hormone schuld: Direkt nach der Geburt des Kindes wird mit der Nachgeburt die Plazenta »geboren«. Dieses Wunderwerk hat das Kind neun Monate lang mit Nährstoffen versorgt, war zuständig für die Erhaltung des Immunsystems von Mutter und Kind und bildete viele wichtige Hormone, die die Schwangerschaft aufrechterhielten. Wir können uns also gut vorstellen, welch enorme körpereigene Zentrale nun Abschied nimmt, weil sie nicht mehr benötigt wird. Ein paar Tage befinden sich ihre Hormone noch im Blutkreislauf, dann verschwinden auch sie – und das kann eine große Wirkung auf die Stimmung ausüben. (Von mir aus könnte die Natur hier noch etwas evolutionäre Arbeit leisten und etwas erfinden, das diesen Umstellungsprozess leichter macht.)

Wäre diese Hormonumstellung nun die einzige Umstellung, ließe sich vielleicht mit einem erholsamen Rückzugstag problemlos darüber hinwegkommen (den braucht die Mutter sowieso), aber es ist so viel mehr als das: Das kleine Menschenwesen beansprucht sofort jede Aufmerksamkeit, dabei ist die Mama selbst noch ganz müde und empfindlich, vielleicht sogar verletzt (Kaiserschnitt, Dammnaht, Erlebnisse). Das Baby will häufig und auch nachts gestillt werden, die Milch muss fließen, der sogenannte Milcheinschuss meldet sich radikal, man soll unbedingt total entspannt sein, damit alles klappt, während die Hebamme Worte wie »Gelbsucht«, »gefährliche Sepsis« und »Gewichtsverlust« fallen lässt. Auch die neue Situation und Fragen des Lebens, »Wie wird es wohl ab jetzt sein?«, sorgen dafür, dass man ordentlich durcheinander ist. Und es ist gut möglich, dass die komplette Umstellung des bisherigen Lebens uns restlos aus der Bahn wirft.

Kein Wunder also, wenn du dich »babybluesig« fühlst. Es ist eher ein Wunder, wenn du dich *nicht* so fühlst. Aber deine Lebensfreude geht nie verloren. Sie ist nur für eine kleine Weile verborgen.

 ## Sonnenschein für Mama

Liebe Familie, hier eine Botschaft an euch alle:

Einer Mama im Wochenbett sollten so viele Wünsche wie möglich von den Lippen abgelesen werden. Schenkt ihr Ruhe, Entlastung, Verständnis, gutes Essen und ganz viel Wärme. Denn: Erst wenn Mama erholt ist, habt ihr was von ihr. Das ist ja zu verstehen, oder?

Kann nämlich sein, dass sie gerade nicht genug Energiereserven und Kräfte hat, oder sie fühlt sich traurig, unverstanden – kurz und knapp: einfach unglücklich.

Wenn sie sich in einer solchen Situation gestatten darf, zu nichts als dem Allernötigsten imstande zu sein, und ihr ihr so viel Unterstützung gebt, wie sie braucht (und gerne noch etwas mehr), wird diese Phase bald vorübergehen.

Denn ihr könnt ihr alle so gut helfen.

Sollte diese Blues-Phase nicht schnell genug vorbeigehen, fühlt sich diese Zeit zwar schrecklich an, ist aber kein Grund zur Verzweiflung:

Scheue dich nicht davor, dich an eine vertrauenswürdige Person, eine Therapeutin, deine Ärztin oder eine Beratungsstelle zu wenden, die dich an die Hand nimmt und dir hilft, aus dieser Zeit gestärkt herauszukommen. Denn auch dieser Zustand ist weder von Dauer noch ein Misserfolg oder gar Versagen, sondern in erster Linie ein ernst zu nehmendes Signal und in zweiter Linie eine Übergangsphase zu einem ganz neuen Leben.

Die Hilfe von außen wird dir die verlorene Kraft wiedergeben und den Mut, diese Episode mit Vertrauen geduldig zu durchschreiten. Jawohl, so viele Mütter haben das schon erlebt, dass unsere Welt mit gut gerüsteten Auffangnetzen ausgestattet ist, ganz wie die Feuerwehr, um dir unter die Arme zu greifen, wenn es nötig sein sollte.

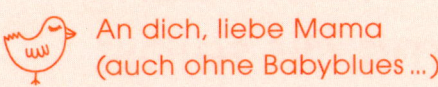

An dich, liebe Mama (auch ohne Babyblues ...)

Habe ich schon gesagt, dass ich dich lieb habe?

Du bist wunderbar, tapfer, mutig und schön. Du hast auf diese Welt ein kleines Wunderwesen gebracht – mit das Verblüffendste, Tollste, Schwierigste, Natürlichste (und trotzdem nicht Einfachste) und Umwerfendste, was wir Menschen so schaffen können. Ja, du kannst sehr stolz auf dich sein!

Ohne dich fehlt der Welt ein Stück.

Täglich eine Verabredung mit dir selbst

In der Stille spricht die Seele zu dir – und das möchte sie immer mal wieder, egal, was für Trubel um dich herum ist, ob du vierzehn Kinder oder eins hast (was manchmal genau so viel Trubel macht wie vierzehn), ob du als Chirurgin morgen einen wichtigen OP-Termin hast oder nachher einen Konzertauftritt in der Philharmonie. Deine Seele braucht dich.

Das Allerwichtigste ist: ein Augenblick am Tag für dich allein. Eine Verabredung mit dir selbst. Klingt leichter, als es getan ist. Aber es muss sein. Fast wichtiger als Windeln zu wechseln. Fünf Minuten, in denen du nur aus dem Fenster siehst oder eine Tasse Tee trinkst, in denen du Stille tankst und dich selbst wahrnimmst: »Ach ja, mich gibt's ja auch noch!«

Vielleicht stellen wir dann fest, dass diese fünf Minuten im Alltag keinen Platz finden oder uns plötzlich unnötig erscheinen. Zeit ist eh Mangelware – und dann einfach so nichts Dringliches aus dem Alltag erledigen? Dieser kleine Moment ganz für uns allein ist dennoch so wichtig! Er gibt uns in

Phasen der Atemlosigkeit Kraft. Er ist dafür da, dass wir uns selbst nicht mitten im Leben vergessen. Diese Oase hilft uns auch, unabhängig zu bleiben von äußeren Umständen, von den Stimmungen unserer Kinder, vom Partner, von den Aufs und Abs des Alltags.

In Phasen hoher Anspannung sind eine Ahnung von innerer Ruhe und das Annehmen der momentanen Situation starke und zuverlässige Rettungsanker. Manchmal dauert es etwas, bis wir uns dieser Ruhe gewahr werden. Aber wenn wir uns dafür Zeit nehmen, landen wir nach einem Ausflug in die panischen Lüfte schnell wieder auf unserer bodenständigen Erde.

Die folgende Atemübung ist eine Möglichkeit zur inneren Sammlung. Dein Atem wird dich nach Hause, zu dir selbst bringen, ganz egal, wie die äußeren Umstände gerade sind. Da schlummert sie nämlich, deine innere Stabilität, und freut sich auf diese Verabredung mit dir, wenn alles andere nebensächlich sein darf und nur der gegenwärtige Augenblick wichtig ist. Diese Verbindung dauerhaft zu stärken, ist Sinn der Mini-Meditation:

Meditation bedeutet »sich in die Mitte begeben«. Hier geschieht das durch die Konzentration auf den Atem. Man könnte ganz pragmatisch sagen: Mit dieser Methode justieren wir uns täglich neu und kommen wieder zu einer stabilen Grundeinstellung, etwa so, wie man ein Instrument stimmt, damit man gut damit musizieren kann.

Probiere es aus: Übernimm diese Zeit als festen Bestandteil in deinen Alltag und beobachte, welche Wirkung sie dauerhaft hat. So, als ob dein Leben davon abhinge.

Sonnige Minuten

In dieser Atemübung geht es um das feine Erspüren deines Atems und seine Wirkung.

- Lege dich auf den Rücken.
- Atme ganz natürlich durch die Nase ein und aus.
- Beobachte aufmerksam jeden einelnen Atemzug für sich:
  Wie fühlt sich die Luft beim Einatmen an? Warm, kalt, sanft, kräftig? Wie fühlt sich die Luft beim Ausatmen an?
  Hmmm, tut das gut!
  Jedes Einatmen ein neuer Beginn, jedes Ausatmen ein Loslassen.

Nimm dir fünf Minuten Zeit für diese Übung. Wenn auftauchende Gedanken wie zum Beispiel »Was muss ich gleich noch machen?« oder »Wie lange dauern eigentlich fünf Minuten?« deine Aufmerksamkeit vom Atem ablenken, dann nimm sie einfach wahr. Sonst nichts. Und wenn die Gedanken wild herumsprudeln – das wollen sie nur zu gerne und das dürfen sie auch –, lass sie wieder los und konzentriere dich nur auf den Atem. Immer wieder neu, das gehört zur Übung.

Falls du dabei einschläfst, ist das nicht weiter ärgerlich, sondern ein Zeichen dafür, dass der Körper sich holt, was er gerade dringend braucht.

Lass dich unterstützen

Eine Mutter in unseren Breitengraden (also in der Regel ohne helfende Großfamilie mit zwei Omas, drei Schwestern, vier tatkräftigen Onkels und unzähligen von der Schule befreiten Kindern, die das Baby bespaßen) darf eines nie: krank werden! Keine Erkältung, keine Rückenschmerzen, kein Milchstau und keine Mageninfektion – das ist schlicht und ergreifend verboten. Wie geht das nun in einer Zeit höchster körperlicher Anstrengung mit wenig Schlaf, viel Tragen und maximaler Aufmerksamkeit für das klitzekleine Neugeborene? Und wie geht das mit dem Sohn in der Trotzphase, einem aufgedrehten Schulkind, der pubertierenden Tochter und mit einem fordernden Beruf? Gar nicht!

Auch wenn keine totalen Katastrophen zu bewältigen sind, sondern nur der »ganz normale« Alltag uns beschäftigt, haben wir alle Hände voll zu tun. Manchmal stoßen wir an unsere Grenzen und sehnen uns nach so vielem: nach einer Gruppe helfenden Miteinanders, nach jemandem, der uns im schlimmsten Trubel in den Arm nimmt, nach kleinen Inseln wolkiger Erholung, nach herzlichem Austausch und zwischendurch auch einfach nur nach Wieder-mal-alleine-Sein.

Die Sehnsucht nach einem anderen Leben mit genau diesem Baby, in dem alles einfach nur schön und liebevoll ist, ist manchmal sehr groß. Wo bleibt Platz, die kleinen Händchen zu spüren und die Kulleraugen zu bestaunen? Wo bleibt Zeit, sich selbst geliebt zu fühlen? Wo bleibt Raum für meinen Partner und mich? Den Partner, der noch mehr ist als der abwesende oder anwesende Papa.

Liebe, diese Momente werden kommen! Allesamt und Schritt für Schritt. Aber: Ja, auch kritische Momente sind immer wieder Teil unseres Elternseins und dürfen so manches Mal überstanden werden. Wir versuchen oft, uns drumherum zu schummeln (ich jedenfalls versuche es immerzu …), und landen doch immer wieder mittendrin in einem unerwarteten Drama oder einem unlösbar scheinenden Konflikt.

Genau dann kann es Hilfe und Inspirationen von anderen Menschen sein, mit denen es uns ein bisschen leichter fällt, wieder Vertrauen zu gewinnen und unseren Fokus auf das wirklich Wichtige zu lenken. Immer geübter und einfacher werden wir uns herausheben aus einem Tiefpunkt in Richtung Höhenflüge. Dazu brauchen wir aber manchmal tatkräftige Hilfe.

Erlaube dir Unterstützung. Wenn du merkst, dass deine Energiereserven nachlassen, ist der richtige Moment gekommen zu planen, wen du im Notfall ansprechen kannst. Wer kann einspringen und helfen? Mag sein, andere schaffen es ohne, aber frag nicht nach, wie! Wenn diese Unterstützung nicht von deiner Mutter (gerade verreist), von der Schwiegermutter (wohnt zu weit weg), der Nachbarin (zu viel verlangt) oder von der Freundin (arbeitet) kommen kann, dann kannst du nach einer gemeinnützigen Organisation Ausschau halten oder eine Haushaltshilfe bei der Krankenkasse beantragen. Denn wenn man schon früh Unterstützung bekommt, wird man schneller wieder gesund und selbstständig. Auch eine Babysitterin bringt ausgesprochen viel Unterstützung, vorausgesetzt, das Baby ist mit ihr einverstanden. (Und das soll angeblich davon abhängen, wie sehr die Eltern damit einverstanden sind.)

Und wenn es klappt und die Oma, der Babysitter oder die Haushaltshilfe endlich mit deinem kleinen Rafael unterwegs ist, was dann? Falls du zu den Workaholics gehörst, empfiehlt es sich, jetzt mal so richtig loszulegen! Auf dem Weg zur verwüsteten Küche den Computer anschalten, zehn To-do-Listen verfassen, ein paar kindgerechte Rasseln basteln, dreizehn Gläser Marmelade einkochen, Regalbretter gründlich wischen, die CD-Sammlung nach Farben ordnen, vierzehn Bewerbungen schreiben, das Tiefkühlfach entfrieren – sprich: wie wahnsinnig zu schuften (ja, so was gibt es tatsächlich!). Erst würdest du richtig stolz sein, dann aber schlagartig unzufrieden, denn als Workaholica erreicht man bekanntlich nie genug, – und du bist leider ganz und gar erschöpft, wenn das Kind von seinem Ausflug wiederkommt.

Wenn das nicht so richtig nach deinem Geschmack ist, kannst du nun endlich das tun, was du immer schon mal wolltest: nichts! Nichts kann manchmal so schwer sein wie das. Trotzdem, gib nicht auf, du schaffst es!

Mach es dir zum Nichtstun gemütlich. Nimm dir ein niveauloses Blättchen zu Hilfe oder zünde dir eine Kerze an. Jetzt ist Zeit für dich! Schaffe dir Luxusmomente im Alltag. In die Badewanne steigen und dort eine Stunde bleiben. Rezepte durchblättern, die klingen wie »Grießklößchen mit Weinschaum« und »Blütenparfait für den Sommerwind«. In die Sonne gucken mit einem Glas Wein. Lautstark schimpfen über die Welt. Oder endlos weinen wegen diesem oder jenem. Oder herzlich lachen, natürlich! Einfach Urlaub vom

Alltag nehmen. Was auch immer dir jetzt guttut. Krachend laut Musik anschalten und dazu noch lauter singen. Die Gitarre in die Hand nehmen oder in die Tasten hauen. Die Fünf-Minuten-Übung auf eine Stunde ausdehnen. Oder statt einer To-do-Liste vielleicht eine Hitliste kritzeln:

Was möchtest du gerne machen, wenn du mal wieder Zeit hast? Wo wirst du dann am liebsten hingehen? Wohin alleine und wohin mal mit dem Baby? Meine sieht so aus:

- Wir allesamt in der Karibik (habe keinen Schimmer, wie es dort ist, aber es klingt so wunderbar)
- Einen Bauernhof besuchen, damit die Kinder mal andere Tiere als unsere Stubenfliegen kennenlernen
- Mit Mann (und ohne Mäuse) nach Kuba oder Bali oder wenigstens an den Baggersee, so bald wie möglich
- Mit Annette Cocktails trinken
- Salsa-Workshop, mal ganz alleine

Also: Schreibe alles auf, was dir in deinen kühnsten Träumen einfällt. Setze um, was geht. Und freu dich auf das, was bald kommt. Dann wird es dir gut gehen. Und wenn es dir gut geht, dann geht es deinem Kind auch gut. Denn du hast danach wieder Zeit und neue Kraft, dich liebevoll um dein Kind zu kümmern, mit ihm zu kuscheln und das Leben zu genießen.

Bloß nicht vergleichen!

Manchmal sieht man sie, so richtig tolle Überflieger-Eltern: im Café, auf dem Spielplatz, sogar zu Besuch auf dem eigenen Sofa. Sie haben's irgendwie drauf, zu jedem Thema das Aktuellste zu sagen, sprudeln vor guten Ratschlägen und glänzen mit gelungenen Beispielen aus dem eigenen Leben – und sind dabei auch noch sehr nett. Ja, nett sind sie in der Tat, deswegen haben wir die beiden eingeladen. Aber das, was sie manchmal so sagen, das brauchen wir wirklich nicht für bare Münze zu halten. Nur die Hälfte der erzählten Geschichten stimmen wirklich und vieles des Gesagten passt gar nicht zu unserem eigenen Lebensstil. Auch wenn wir das in dem Moment manchmal vergessen sollten. Wie neulich:

»Wir halten uns alle vor jeder Mahlzeit an den Händen und sprechen gemeinsam ein Gebet für den Frieden.« Ich starre meine neue Freundin Moira an. Auf so was Besinnliches bin ich bisher noch nicht gekommen. Bestimmt wirkt das auch noch. Ich sehe es vor mir: Bei denen wachsen die Kinder mit einem Sinn für Harmonie und für die Tiefe der Sprache auf. Jürgen, der Vater, setzt die Geschichte fort: »Danach dürfen Jannes und Hannes sich etwas aussuchen aus der Glücksschale. Ein Steinchen oder ein Sternchen, das macht die Welt einfach bunter.« Nein! Genau mein Ding! Steinchen oder Sternchen, ja, das macht die Welt wirklich einfach bunter. Ich gucke mich um. Bei uns in der Wohnung ist ja gar nichts bunt. Draußen regnet es auch noch zu allem Übel. Aber Moira und Jürgen scheinen von innen heraus. Wie machen sie das? Warum kann es nicht auch bei uns so scheinen? Klein und mickrig sitze ich daneben und lausche mit offenem Mund den Berichten. Währenddessen frage ich mich betreten: »Wieso machen eigentlich die anderen immer alles viel, viel besser?«

»Aber Mama«, gähnt Jannes, »diese Steinchen-Sache machen wir doch ewig schon nicht mehr.« – »Und die Friedenssprüche gingen doch Papa so auf den Senkel, dass er meinte, er kommt erst zum Essen, wenn dieser Teil erledigt ist«, meint Hannes. Moira und Jürgen schweigen ein bisschen und leuchten dabei etwas weniger. »Na ja«, sage ich erstaunt, »dann können wir das ja jetzt zusammen fortsetzen!« Mein Mann bekommt einen akuten Lachanfall. »Kommt nicht infrage. Das macht bei uns doch keiner mit. Nicht mal du selbst!« Stimmt. Habe ich vergessen. Überhaupt: gar nicht so schlimm, unsere Wohnung, eigentlich ganz gemütlich. »Trotzdem auf den Frieden!«, rufe ich und wir stoßen zusammen an.

An diesem Abend wurde uns klar: Es gibt sie einfach nicht, die besseren Eltern. Es reicht ja, wenn wir einfach nette Eltern sind. Wer soll das auch sein, die Eltern, die alles besser machen und bestimmt auch ideal erziehen können? Würden wir eine Umfrage starten, was »ideale Erziehung« bedeuten könnte, kämen so viele unterschiedliche Antworten heraus, wie es unterschiedliche Menschen gibt. Dafür ist das Zusammenleben zwischen uns Menschen zu verschieden, als dass man eine Regel für den richtigen Weg formulieren könnte.

Aber wir sind bestimmt einer Meinung, wenn wir sagen, dass es uns glücklich macht, wenn unsere Kinder zufrieden, selbstbewusst und respektvoll sind. Und das ist – ganz klar – ohne Probieren und Irren, ohne Fehler eben nicht möglich. Auf diesem Weg haben wir aber auch viele Erfolgserlebnisse, von denen aus wir fortfahren können.

Vergleiche haben dabei allerdings gar nichts zu suchen. Bestimmt ist es dir längst selbst aufgefallen: Vergleiche hindern am Zufriedensein! Immer wieder gerate ich in diese Falle und male mir schillernd aus, wie viel besser es doch woanders ist.

»Bei denen gibt's bestimmt nicht so viel Krach, wenn sie Mittag essen. Vermutlich machen die mit ihren Kindern auch am Wochenende immer ganz besondere Ausflüge. Wahrscheinlich haben sie auch genug Geld, um dieses Jahr Ferien in der Karibik zu machen. Und dann ist es da vermutlich auch sehr viel schöner als auf unserem ollen Zeltplatz an der Ostsee, den wir nun schon seit Jahrhunderten besuchen.«

Dieses Idealisieren kann einen ganz schön belasten und bremsen. Und es klingt zu sehr nach Wettbewerb. Kann es im Leben zwischen Eltern, Kindern, überhaupt zwischen Menschen, im Wesentlichen um Wettbewerb und »Bessermachen« gehen? Nein, bestimmt nicht. Für Goldmedaillen wurden ja nun extra die Olympischen Spiele erfunden. Im wahren Leben und Lieben dürfen wir das Vergleichen und Wettbewerben ruhig beiseitelassen, denn: »Wenn du unbedingt möchtest, dass es dir schlecht geht, brauchst du dich nur mit anderen zu vergleichen. Falls du lieber glücklich bist, lass das Vergleichen bleiben«, so Brigitte Diete von der Caritas-Familienberatung Berlin. Stellen wir jemanden auf ein Podest oder schubsen ihn wieder davon herunter, so blendet das die Wirklichkeit aus. Es hat nichts mit der Persönlichkeit – dem Menschsein – des anderen zu tun: seinen Stärken,

Schwächen, Stimmungen, Schwankungen und unterschiedlichen Seiten, deren Summe sie oder ihn ausmachen. Und es blendet auch den Blick auf uns selbst aus. Hinter den Kulissen ist es nämlich überall sehr ähnlich. Wir alle haben mit unseren Sorgen zu kämpfen, mit unseren Gewohnheiten, mit unseren Strategien und mit unseren Wünschen.

Wie steht es überhaupt mit unseren Vorbildern? Was steckt hinter unserem Schwärmen? All die schönen Eigenschaften, die wir an anderen bewundern und uns selbst nicht zutrauen, schlummern erwartungsvoll in uns. Wir können sie uns nach und nach zu eigen machen. Jawohl: Wir sind genauso genial. Und manchmal auch kleinkariert und fehlbar. So, wie unsere Vorbilder es auch sind. Das nennt man Leben, Lebendigkeit.

 ## Vergiss das Vergleichen

Es gibt eine einfache Methode, wie du schnell aus dem altgewohnten Vergleichsmodus herauskommst:

Jedes Mal, wenn du dich mit jemand anderem vergleichst, beobachte dich dabei. »Aha, die Vergleichsnummer läuft gerade. Kann ich gleich wieder vergessen.«

Fertig! Schau dich um, ob es eine kleine Kleinigkeit gibt, die dich jetzt, wo du unzufrieden bist, ein wenig aufheitern kann. Das genügt schon fürs Erste. Der schöne Rest, Entspannung und Aufmerksamkeit für dein eigenes Leben ohne schmerzliche Vergleiche, folgt daraufhin Schritt für Schritt.

Stürme im Alltag

Gerade eben habe ich noch voll des innigsten Mitgefühls rübergenickt, als meine Bekannte und ihr Kind auf der anderen Straßenseite einen Tobsuchtsanfall von der Dimension eines Vulkanausbruchs bekamen. Oh ja, so eine seltsame Phase hatten wir auch mal, mein friedliches Schätzchen vor mir im Kinderwagen und ich – aber das ist unendlich lange her und wird nie mehr vorkommen, glücklicherweise. Wir haben es nämlich absolut im Griff. Und es ist so einfach! Es funktioniert folgendermaßen: Erstens bleibt man geduldig, milde und ruhig ... zweitens ... »Augenblick mal! He! Das darf ja wohl nicht wahr sein! Lea, lass das sofort sein! N e i n habe ich gesagt!!!«

Zehn Minuten später sieht alles anders aus: Ich finde mich in einer vollkommen aus dem Ruder geratenen Situation wieder, fluche ein furchtbares Kind an, das mein eigenes sein soll (wie kam ich auf diese Schnapsidee?), und ziehe zeternd sämtliche Kinder der Umgebung zum Vergleich heran: Die essen vernünftig, gehen früh und ohne zu zögern ins Bett, schlafen anschließend tagelang durch, brauchen keine Windeln, hauen nicht nach ihrer liebevollen Mama und schreien auch nicht wie am Spieß. Wie und warum soll ich das eigentlich noch eine Minute länger aushalten?

Falls du dieses Szenario auch kennen solltest (wenn nicht, bekommst du von mir ein handgemaltes Bundesverdienstkreuz), dann möchte ich dir aus meinem Zustand höchster Erleuchtung (also jedem Zustand außer dem eben beschriebenen) sagen: Sämtliche Kinder der Umgebung essen immer wieder mal nix, gehen gelegentlich gar nicht ins Bett, schlafen natürlich nicht immer durch, brauchen auch noch Windeln (oder gerade nicht mehr beziehungsweise jetzt wieder), hauen und schlagen wie wild auf ihre unschuldigen Eltern ein und brüllen so laut, dass es der Ohrenarzt von hier schon hören kann.

Gewiss hilft es in einer solchen Situation nicht direkt, zu wissen, dass solche Momente unschön und anstrengend, aber normal sind, dass es überall so ist und sich überall auch wieder beruhigt. Aber es tröstet vielleicht ein bisschen. Und wenn man sich ein paar Ausstiegstricks zulegt, dann werden diese Zwischenfälle sogar mit der Zeit seltener.

 Oase in Sicht

Wenn du dazu neigst, schnell gereizt und genervt zu reagieren, liegt das weniger am Kind als daran, dass du wahrscheinlich gestresst und erschöpft bist. Ein Zeichen dafür, dir Rückzugsmöglichkeiten zum Kräftesammeln zu gönnen, damit du in den kleinen Alltagskonflikten mit deinem Kind entspannter reagieren kannst.

Unsere Reaktionen in einem Streit sind nicht immer angemessen, verständlich oder gar fair. Wenn es aber passiert ist, wir also wütend und im unbeherrschten Affekt reagiert haben, ist es gut, das sofort zuzugeben. Kommt die Entschuldigung von Herzen, wird der Kummer darüber verfliegen, anstatt sich zu verhärten.

Respektvoll und bestimmt zu reagieren, wenn unser Kind gerade viel zu heftig war, ist nicht gerade leicht, wenn wir selbst überschäumen. Es gelingt vielleicht erst mal selten. Aber es ist wichtig, dass wir uns – so oft es überhaupt möglich ist – nicht mitreißen lassen, sondern daran erinnern, bei uns zu bleiben und erwachsen zu reagieren. Wer sonst, bitte schön, wenn nicht wir?

 Bloß nichts nachtragen

Wenn du deinem Kind die Chance zur Veränderung geben möchtest, dann sei nicht nachtragend. Denn sonst bleibt es in seinem Verhalten gefangen und die Stimmung bleibt bedrückt. Mit einem »Nun ist es auch wieder gut« können alle aus der Situation herauskommen.

Und jetzt: bummmm!
(Mama ist schon wieder explodiert)

Insgeheim frage ich mich, was man mit chronischen, in der Fachliteratur selten erwähnten »Schrei-Eltern« machen soll. Mit mir zum Beispiel, wenn ich in Sekundenschnelle eine Lautstärke an den Tag lege, bei der sämtliche Gläser zu zerspringen drohen. Soll ich kurz vorher Ohrstöpsel verteilen?

Wut ist grundsätzlich eine gesunde Reaktion. Sie gehört zu uns. Sie ist wichtig. Ein Alarmsignal, das deutlich sagt: Hier geht es mir gerade zu weit!

Es gibt viele Situationen, in denen sich ein »ganz normaler« Wutanfall anscheinend kaum vermeiden lässt. Dabei kann es sich bei den Auslösern um Lappalien handeln. Heute, Sonntag, zum Beispiel: Lea steht um fünf Uhr auf und ruft ununterbrochen: »Kakao – und zwar sofort!« Nach ebenso vielen freundlichen Ermahnungen können wir Eltern uns nicht mehr halten und wüten sie an. Nun sind alle wach – und unausgeschlafen. Wäre das vielleicht anders gegangen?

Wut kann ein deutlicher Hinweis auf quälende Ohnmachtsgefühle sein, die sich mit einer solchen Explosion einfach Luft machen müssen. Sie zu unterdrücken ginge nach hinten los: Dann überrumpelt sie uns und unser Kind vielleicht noch viel stärker in einem von dieser Situation losgelösten Augenblick. Sind unser Selbstwertgefühl und unsere Balance sowieso gerade etwas angeknackst, kann die Wut schlagartig die Regie übernehmen. Sie bricht sich Bahn, wenn alles andere nicht (oder nicht schnell genug) klappt. Und das ist es, was daran nicht gut ist: Nicht wir haben die Wut im Griff, sondern sie uns. Es kann dann passieren, dass wir vollkommen unbedachte Dinge sagen oder unser Kind viel zu fest anfassen.

Rutscht uns im Affekt die Hand aus, geben wir gar einen Klaps, dann sind wir definitiv zu weit gegangen. Einem Kind körperlich (oder seelisch) wehzutun, darf nicht passieren. Es verletzt sein Vertrauen zu uns und zur Welt. Und wir missbrauchen unsere vermeintliche Stärke.

Jede Mutter findet sich ab und an in einer solchen spannungsgeladenen Situation wieder. Wenn sich unsere Wut so entlädt, sei es mit Worten oder Taten, dass es unserem Kind und uns dabei nicht gut geht, sollten wir unsere Ausdrucksform überdenken. Dann müssen wir dringend mit Ursachenforschung beginnen. Das schlechte Gewissen hilft uns da leider nicht weiter. Viel mehr sind es pragmatische Fragen, die uns voranbringen.

 Was heißt hier »beste Mama«?

Wie kann man behaupten: »Ich bin die beste Mama«, obwohl so etwas gerade passiert ist und eine andere Mutter garantiert viel besser mit der Situation umgegangen wäre?

Du bist die beste Mama, denn du und dein Kind, ihr geht gemeinsam diesen Weg – mal seid ihr dabei unausstehlich, mal mittelmäßig und mal wunderbar. Genauso wie jede andere Mutter auch, der die schwierigen Situationen bestens bekannt sind.

Ihr entwickelt euch. Diese Entwicklung heißt Leben. Es bedeutet: Unglaubliches schaffen, eine Menge aushalten, ebenso viel meistern, Fehler machen, daraus lernen, neue Schritte gehen, neue Fehler machen, sich verändern, sich annähern und wachsen.

Hilfreiche Fragen

• Wann treten solche Momente auf? Wenn ich erschöpft bin oder überfordert? Wenn ich unter Zeitdruck stehe? Wenn ich etwas sofort möchte, und es dauert mir zu lange? Was war der Anlass und was kann ich tun, damit es sich nicht beim nächsten Mal wiederholt?

- Was will ich genau? Und passt das, was ich möchte, zum Bedürfnis meines Kindes? Sind meine Erwartungen angemessen? Tun sie meinem Kind gut? Will ich Ruhe, Harmonie, brave Kinder? Oder vielleicht selber Dampf ablassen?
- Was kann mein Kind in seinem Alter? Was kann es noch nicht? Was kann ich meinem Kind in diesem Alter an Regeln und Rücksichtnahme beibringen?
- Wo sind meine eigenen Grenzen? Und wie kann ich sie rechtzeitig ankündigen? Wie kann ich dafür sorgen, dass ich unabhängig von äußeren Situationen ruhiger bleibe?

Während wir dies durchdenken und beantworten, können wir zu Einsichten gelangen, die helfen, sowohl unsere Kinder als auch uns selbst besser einzuschätzen.

Es stellt sich also bei einem lautstarken Konflikt generell die Frage: Geht es auch anders? Und vor allem: Geht's mir gut damit? In manchen Fällen ist es nicht um einen wichtigen Inhalt gegangen und wir haben vielleicht kein Porzellan zerschlagen, auch wenn uns der Kragen geplatzt ist. In anderen Fällen kann es passieren, dass wir ausfallend sind, kränkend oder gar handgreiflich werden. Momente, die wir anschließend bereuen. Durch unterstützende Techniken können wir lernen, diese Aussetzer in den Griff zu bekommen.

Notfallstrategien zum Aussuchen

Es ist eine wahre Kunst, in kritischen Momenten vernünftig und sachlich zu reagieren. Man kann sie aber etappenweise erlernen. Das Zauberwort ist: mentaler Abstand – und zwar bevor uns die Emotionen überwältigen. Hier ein paar Denkanregungen, wenn es darum geht, die unschönen Impulse in Schach zu halten:

Zur Besinnung kommen

Innehalten und tief einatmen. Die Fragestellung währenddessen lautet: Was spielt sich hier gerade genau ab? Und wie kann ich es abwenden? Wir entziehen uns damit dem Konflikt, indem wir ihn von außen betrachten. Um dann bei uns und in der eigenen inneren Ruhe (doch, es gibt sie!) zu bleiben.

Wie wichtig ist das Ganze?

Du kannst überprüfen, ob die Wut für die Situation angemessen ist. Ist es das eigentlich wert, dass ich mich darüber so aufrege und in Stress gerate? Wie würde ich über diese Sache in einem Jahr denken?

Ein Blick in die Augen

Mitten im Streit blicken wir unserem Kind in die Augen. Wir erkennen seine feine, kleine Gestalt und sehen mitten im größten Chaos, dass es noch ganz jung ist und noch viel lernen und erfahren wird. Sein Unwillen ist dann viel verständlicher und anrührender. Das Leben ist ja auch nicht leicht, wenn man noch klein ist und die Geschehnisse nicht so steuern kann und darf, wie man es nun mal möchte (eigentlich ist es auch nicht viel leichter, wenn man groß ist).

Kinder dürfen wütend sein

Lass dein Kind wütend sein. Auch wenn das sicher nicht angenehm ist. Gefällt uns nicht, der Krach und die Worte, die da rauspoltern aus dem kleinen Mund. Aber auch Kinder brauchen Raum für Gefühle, die sie nicht in sich behalten können. Na gut, hier ist er: »Tob dich aus – im Kinderzimmer!«

Räumlicher Abstand

Aus dem Zimmer gehen, Luft schnappen. Damit dein Kind weiß, was geschieht, und nicht einfach alleine stehen gelassen wird, vorher mitteilen: »Ich gehe kurz mal ins Nachbarzimmer, bin gleich wieder da.«

Innere Stopptaste drücken

Wenn du das nächste Mal wütend bist, dann stoppe deinen Ausbruch mittendrin, genau in dem Moment, in dem er dir auffällt. Egal, worüber du dich gerade ärgerst, es ist alles nicht so wichtig! Nicht so wichtig wie das Abenteuer Familie, nicht so wichtig wie dein kleiner Wunderkerl, deine kleine Wunderdame. Versuche, deine Aufmerksamkeit mit einer ablenkenden Idee auf etwas anderes zu richten.

Stoppschild malen

Eine wirksame Regel aus unserem Familienalltag: Wenn ein Streit beginnt, kann jeder in der Familie das gemalte Stoppschild hochhalten. Dann muss das Streitthema beendet werden. Wer sich nicht daran hält, muss aus dem Zimmer gehen.

Gemeinsam Regeln festlegen

In einer ruhigen Minute zusammen klären, welche Regeln oder Aufgaben für unser Zusammenleben besonders wichtig sind. Diese können in einer gemeinsamen Tabelle notiert oder in Bildern gemalt werden, sodass wir uns gemeinsam daran erinnern können, wenn es notwendig ist. Die Tabelle immer mal wieder zusammen aktualisieren.

Keine Katastrophe daraus machen

Mach die Lage nicht zur Katastrophe und mach dein Kind nicht zum schlimmsten oder frechsten der Welt. Und wenn

du am absoluten Tiefpunkt bist, kannst du dich sogar freuen –
denn nun geht es wieder aufwärts.

Welche Phase ist es diesmal?

In welcher besonderen Phase ist unser Kind gerade? Trotzphase, Schulbeginn, Pubertät? Da passiert gerade eine
Menge an Entwicklung, Emotionen, Wünschen und ganz vielem durcheinander. Sich nicht richtig verständlich machen
zu können, das kann unser Kind richtig verzweifelt machen.
Und wütend.

Wir können ihm in dieser Phase helfen, indem wir trotzdem für unser Kind da sind. Trotzdem sagen: »Gut, dass du
da bist (auch wenn ich fast verrückt dabei werde …).«

Den guten Wesenskern sehen

Unser Kind ist grundsätzlich gut. Gerade im Streit können
wir versuchen, uns daran zu erinnern. Stimmt, das ist gerade
dann nicht leicht. Schaffen wir es aber, reagieren wir wesentlich freundlicher.

Ins Kind hineinversetzen

Jedes Verhalten unseres Kindes können wir je nach eigener
Perspektive als »unmöglich« oder »total verständlich« wahrnehmen. Wenn wir uns in Konfliktsituationen in seine Lage
hineinversetzen und seine Sichtweise mitempfinden, regen
wir uns nicht mehr so sehr auf und finden leichter zu einer
gemeinsamen Lösung.

Alles nur Theater

Innerlich wieder mal einen Schritt zurücktreten: Auch dieses Kerlchen spielt gerade eine Rolle von ganz vielen, die es
ausprobiert. Betrachten wir diese Rolle genauer: Wir können

versuchen nachzuvollziehen, was da gerade erprobt wird, und vielleicht sogar darüber schmunzeln.

Selbstbeherrschung

Wütend ausflippen ist kein herausragendes Zeichen von Durchsetzungskraft. Es ist eher das Gegenteil. Ein verzweifelter Versuch, durch Lautsein mehr Stärke zu gewinnen – Lautstärke. Wir können an unserer inneren Stabilität arbeiten und versuchshalber die Wiederholungstaktik einsetzen: Mit ruhiger, fester Stimme sagen wir immer wieder unseren Wunsch.

Cool bleiben

Wenn für die Streitlust deines Kindes Spaß an der Provokation im Vordergrund ist, dann ist es sinnvoll, mit folgender Einstellung cool wie ein Eisberg zu sein: »Ich weiß, was ich will. Ich bleibe diesmal sachlich. Und darauf achte ich auch: Ich lasse mir nicht alles gefallen – auch nicht, dass mich hier jeder zur Weißglut bringen kann. Stattdessen sage ich jetzt mal klipp und klar, was ich möchte, und überlege mir, wenn nötig, Konsequenzen.«

Pausen nicht vergessen

Immer wieder für kleine Pausen (z. B. Kinderhörspiel) sorgen und sich selbst Zeit nehmen für eine Tasse Tee. Und, aufgepasst: sich selbst Zeit nehmen für eine Tasse Tee! (Ich wiederhole das, weil man diesen zweiten Teil meistens vernachlässigt und stattdessen »noch rasch« eine Arbeit erledigen will. Das ist aber nicht Sinn der Strategie: So kommt man nämlich nicht zur gewünschten Entspannung und bleibt womöglich gereizt.) Erholsame Variante: die angebotene Geschichte mithören, gemeinsam einen Film ansehen, sich darüber unterhalten. Die eigene Tätigkeit mag wichtig sein – eine kleine Weile zusammenzusitzen ist vielleicht aber gerade schöner.

Unser Kind verändern?

Ach nein, ganz vergessen, das geht ja gar nicht! Wir können andere Menschen nicht ändern. Nur uns selbst, indem wir unsere Einstellung ändern. Ein einziger Gedanke kann dafür sorgen, dass wir unser Kind überraschend anders wahrnehmen. Lief etwas bisher nicht, wie wir es wünschten, dann können wir es ändern, indem wir etwas an uns selbst verändern. Vielleicht ist es unser Auftreten, an dem wir arbeiten können, oder unsere Stimmlage, der Inhalt einer Aufforderung, drängelnde Ungeduld oder Worte, die unter Druck setzen.

Positive Aussprache

Nicht gleich mit dem Negativen beginnen, wenn du mit deinem Wildfang ein ernstes Wörtchen sprechen willst. Lieber positiv formulieren: »Du kannst so gut …, aber es wäre toll, wenn du jetzt auch … machst.«

Elternsein bedeutet über weite Strecken auch die unreifen Reaktionen des Kindes auszuhalten und sich nicht auf dieselbe kindliche Ebene zu begeben.

Es gibt Eltern, die sich statt in Wut in Schweigen oder künstliche Harmonie flüchten. Doch auch das kann zum Problem werden, das gelöst werden muss. Unterdrückte Aggressionen verhindern ja keine Krisen, sondern stauen sich schlimmstenfalls an, um sich an einer ganz anderen Stelle zu entladen.

Natürlich gibt es immer mal Situationen, die gänzlich zu eskalieren scheinen. Das kann sehr belasten. Wenn alle Stricke reißen, packe deine Sorgen unter den Arm und geh damit zu einer Familienberatung, die in fast jedem Ort angeboten wird, oder nutze die hilfreiche Möglichkeit der Telefonberatung (siehe Anhang). Beratungsstellen dieser Art sind etwas wunderbar Entlastendes. Da bekommst du viel Verständnis, Mut, Anregung und neue Perspektiven. Und ob du es mitten in so einer Krise glauben kannst oder nicht: Die bessere Zeit ist längst auf dem Weg zu dir, höchstwahrscheinlich sogar schon in den nächsten zehn Minuten – wenn der Sturm vorüber ist. Dein Kind lächelt. Du auch.

Alles wird immer wieder gut.

 Samen säen – daraus werden Blumen

Achte auf das, was zwischen dir und deinem Kind so richtig gut klappt.

Erinnere dich genau an einen entspannten, schönen Moment zwischen euch beiden.

Dadurch wird das Gute stärker.

Was sich nicht gut anfühlt, jetzt mal links liegen lassen!

Genau das ist auch direkt nach einer Streitsituation hilfreich.

Ausatmen und: Jetzt sind die Wogen erst mal geglättet! Je schneller ihr euch wieder anlächelt und euch etwas anderem zuwendet, umso schneller ist der schmerzliche Moment vorüber.

Schlechtes Gewissen ade

In diese Ruhe nach dem Sturm (der unkontrollierten Explosion, in der ich so ziemlich alles anders machte, als ich es mir vorgenommen hatte) kommt gerne Helmut angeschlichen. Helmut ist mein schlechtes Gewissen und meldet sich nörgelnd aus dem Untergrund: »Sag mal … das war ja eben unbeschreiblich! Nie wolltest du so laut herumbrüllen! Außerdem wolltest du nicht mehr das Wort mit Sch… verwenden. Was ist, wenn das jetzt jeden Tag passiert? Überall sonst reißt du dich zusammen und bei deinem Kind benimmst du dich vollkommen daneben? Na toll! Und wie kannst du das wiedergutmachen?« – Wenn das schlechte Gewissen wie ein Platzregen über uns hereinbricht, ist es schwer, entsprechend schnell einen Regenschirm parat zu haben. Trotzdem ist es am besten, wir reagieren sofort, denn sonst sitzen wir womöglich erschöpft und mutlos da und haben zu wenig Kraft für die schönen Dinge, die so wichtig sind, damit wir Stärke und gute Laune behalten für unser Kind und für unser Leben.

Ist ja nett, dass Helmut so überaus ehrlich seine Meinung verkündet, aber das hilft gerade jetzt leider gar nicht. Das Beste ist also, zum schlechten Gewissen freundlich zu sagen:

»Mach dir 'nen Bunten und lass mich jetzt mal einen Moment von dem Streit mit meinem Kind erholen. Wir unterhalten uns später!« Für die Herzenswunschliste brauchen wir dieses Gewissen nämlich noch, aber das ist ein anderes Kapitel.

Nun ist erst mal der Moment gekommen, das Ganze abklingen zu lassen und mit dir selbst ein liebevolles Wörtchen zu sprechen. »Also, dafür, dass ich gerade richtig viel Stress um die Ohren habe und kaum zum Schlafen komme, kriege ich alles gut hin. Und das ist gar nicht so einfach! Eben war ein ziemlich heftiger Augenblick. Aber ich weiß schon, dass ich das auch anders lösen kann.«

 Lass dich trösten

Du kannst stolz auf dich sein: zum Beispiel darüber, wie oft du schon ruhig und verständnisvoll reagiert hast, obwohl du innerlich dachtest, gleich seist du mit deiner Geduld am Ende. Ich wette, das war schon ziemlich oft.

Es kommt natürlich vor, dass sich Helmut nicht abschütteln lässt. Er hat sich in den Vordergrund gedrängt und möchte beachtet werden. In meinem Kopf und Bauch rumort er und zwickt mich entsetzlich mit Ideen, was alles an mir ganz und gar falsch ist. Unsere Gedanken, unsere Erziehung lassen sich eine Menge einfallen, um uns zu stören, auch wenn es in manchen Momenten überhaupt nicht nützlich ist. Da bleibt uns nichts anderes übrig als klare Besinnung: Wenn das schlechte Gewissen partout nicht stillhält, versuche, es wie ein Hintergrundradio zu akzeptieren, »Ja, ja. Ist gut, Helmut…«, und nimm das Gespräch mit dir selbst wieder auf.

Manche haben es sich längst angewöhnt, in solchen Stimmungen zu sich zu sagen: »Ich liebe mich dafür.« Klingt vielleicht ein bisschen seltsam, hat aber eine große Wirkung! »Ich liebe mich. Ja, so ist es nun mal. So, wie ich bin! Mit allem Drum und Dran! Auch wenn ich manchmal totalen Unsinn mache, wenn ich dies und das nicht hundertprozentig kann. Jawohl, weil ich nicht makellos bin, deshalb mag ich mich.«

Es ist nämlich schön, wenn du nach einem solchen Wutausbruch offenherzig mit dir selbst umgehst. Du bist wesentlich empfänglicher für die guten Seiten, die in dir stecken, wenn du dir nicht erklärst, du seist leider nun mal ein grauenhafter Mensch und solch ein Orkan ein verdammenswerter Teil deiner Persönlichkeit. Du legst dich nicht fest und bleibst frei für neue Verhaltensweisen.

Das Wissen um deine Stärken, deine guten Seiten, deine hervorragenden Fähigkeiten helfen nicht nur dir selbst, sondern auch deinem Kind, denn dadurch könnt ihr beide euch sofort versöhnen. Deine Gedanken kreisen nicht um deine Unzulänglichkeiten, sondern um die Gegenwart: Es geht weiter – und zwar jetzt! Und dann ist die Sache vorerst auch erledigt. Denn je mehr du solch einer Situation Gewicht gibst, je mehr du darüber nachgrübelst, desto größer, wichtiger und bedrohlicher wird sie. Sie ist aber nicht groß, nicht wichtig und auch nicht bedrohlich. Sie war laut, aber sie ist Vergangenheit. Und darin klein und kurz und ganz nichtig. Darauf kommt es an. Und darauf, deine Geduld, deine Liebe, deine Fantasie zu spüren und wachsen zu lassen. Denn worauf man seine Aufmerksamkeit lenkt, das wird stärker. Beim Kind und auch bei dir.

Das ist ziemlich wichtig, denn Helmut, unser schlechtes Gewissen, hat manchmal noch ganz andere Tricks auf Lager, bei denen wir die Ruhe bewahren dürfen. In Momenten größter Niedergeschlagenheit ist er beispielsweise ernsthaft in der Lage, mitzuteilen: »So! Dir geht es also schlecht! Ist dir klar, dass andere Menschen viel schlimmere Sachen erlebt haben? Mann, bist du undankbar!« Das hilft natürlich kein bisschen, so ein Hinweis in aktueller Tieftaucherstimmung.

Es gibt noch etwas, worauf die Helmuts dieser Welt ausgesprochen pikiert reagieren: Gefühle, die man selbst nicht gerne empfinden möchte. Zum Beispiel, wenn man sein herrliches, wunderbares, einzigartiges Kind auf einmal total blöd und dämlich findet. Oje: Kann das wahr sein? Bleibt das nun immer so? Und ist so ein Gefühl überhaupt erlaubt?

Das Gewissen findet: »Nein! So darf eine liebevolle Mama wirklich nicht denken!« Aber du weißt es besser: Das ist normal, das ist in Ordnung. Es ist sogar gut, zu fühlen, was gerade in dir vorgeht, mit dem Wissen, dass solche Momente kommen – und wieder gehen. Natürlich ist deine kleine Tochter manchmal ein Biest oder dein kleiner Sohn eine entsetzliche Nervensäge. Und natürlich sind sie im nächsten Augenblick wieder eine Sonnenblume und ein Engelchen – bis zum nächsten Moment. Das schlechte Gewissen darf das Ganze gerne staunend betrachten, aber wenn es sich immerzu einmischt und dir das Leben schwer macht, dann ist der Moment für einen kleinen Abstand gekommen.

 Und tschüss ...

Wenn das schlechte Gewissen sich einschleicht und beginnt, dir Vorwürfe zu machen, winke ihm freundlich von Ferne ein »Mach's gut« zu und lass es ziehen.

Herzenswünsche

Ein kleines, viereckiges Kerlchen im Halbformat, von Weitem stämmig und mürrisch, von Nahem niedlich und klein. So sieht jedenfalls mein Helmut aus, die Personifizierung dieses Gewissens, das uns oft furchtbar stört und unter Druck setzt. Es kann aber auch sehr wichtig und hilfreich sein, wenn wir ihm mal ganz anders zuhören.

Es zeigt an, wie wir sein wollen oder was wir tun möchten. Und wenn es sich auch manchmal im falschen Moment einmischt, so gibt es uns doch wichtige Hinweise dafür, was unsere eigentlichen Wünsche und Ziele sind. Und wo es nun sowieso schon mal da ist, ist es durchaus hilfreich, mit ihm einen Pakt zu schließen:

Wir können uns ab und zu in Ruhe hinsetzen und darauf hören, was es uns eigentlich mitteilen möchte mit seinen Bemerkungen und Bewertungen. Oft sind es ganz elementare Dinge.

Wenn wir genauer zuhören, uns in einem ruhigen Augenblick Zeit für die Zwischenrufe unseres schlechten Gewissens nehmen, werden wir erfahren, was uns im Zusammenleben mit unseren Kindern (oder auch mit anderen Menschen, die uns viel bedeuten), besonders wichtig ist. Dann kommen wir zu Zielen, die sich dauerhaft verfolgen lassen.

Was wünschen wir uns zum Beispiel für den Lebensweg unseres Kindes und was können wir dafür beisteuern? Mir sind etwa wichtig: ein fest verankertes Selbstwertgefühl meines Kindes, das nicht schnell ins Wanken geraten kann. Oder seine Fähigkeit, Liebe zu verspüren und diese auch zeigen zu können. Ferner wünsche ich ihm Mut zu neuen Dingen und auch den Mut, etwas einfach nicht auszuprobieren, wenn es nicht mag. Und es soll sagen können, wenn es etwas falsch gemacht hat. Ohne Angst vor den Lehrern oder vor den Eltern. Und …

Wünsche säen

Was können wir dafür tun? Wir können diese Wünsche, Ziele, Vorhaben aufschreiben – zum Beispiel in dem schönsten Notizbuch der Welt, das du für dich finden kannst. Auf diese Weise können sie in uns keimen, so wie ein Samenkorn in der Erde. Im Yoga gibt es solch eine Wunschform, die *Sankalpa* genannt wird. Ein Entschluss darüber, was uns im Leben wichtig ist und einer positiven Veränderung bedarf. Hier beschäftigen wir uns genau mit den Dingen, die uns unser Gewissen gerne sagen möchte, aber diesmal ganz ohne Druck und ganz ohne Vorwürfe. Trage in die Wunschliste alles ein, was dir schon lange auf dem Herzen liegt.

In ein paar Wochen kannst du staunen, was davon schon »nebenbei« umgesetzt wurde, allein dadurch, dass du es klar formuliert hast. Es ist nützlich, sich immer mal wieder mit seinen Herzenswünschen zu befassen: Wie alle Dinge dieser Welt, ob es nun unsere Fahrräder sind oder unsere Denkweisen – sie müssen gepflegt, manchmal repariert und erneuert werden. So bleiben die Ziele erhalten und im Hintergrund wirksam.

Manche Zeiten verlangen ganz besonders danach, sich mit neuen Wegen auseinanderzusetzen. Krisen beispielsweise zwingen uns dazu. Ob wir wollen oder nicht, da geht es gar nicht anders, als dass wir uns mit unseren wichtigsten Bedürfnissen und Wünschen auseinandersetzen. Aber es gibt natürlich auch andere, schönere Zeiten, die uns die Gelegenheit geben, uns zu »erneuern« – wie in den Jahreszeiten. Zum Beispiel im Frühling: Alles beginnt, sich neu zu entfalten, die Natur erwacht aus dem Winterschlaf – warum nicht auch wir? Die Fastenzeit im März, April ist hervorragend geeignet, da sind es noch sieben Wochen bis Ostern: Es muss nicht immer etwas Essbares sein, auf das wir verzichten, wir können genauso gut versuchen, ungeliebte Verhaltensmuster wahrzunehmen, und beschließen, sie für ein Weilchen zu vermeiden. Zum Beispiel: sieben Wochen ohne routiniert pessimistische Gedanken. Ohne viel Aufräumen, aber mit viel Lob für alle. Oder: sieben Woche mit besonders viel Nachsicht*. Mein Sieben-Wochen-Plan war es, weniger zu nörgeln und keine Süßigkeiten nebenbei zu essen. Besonders was das Süße betrifft, rechnete ich mit dem Schlimmsten. Entzugserscheinungen, Trotz-Käufe, Knabberattacken ... Stattdessen war das überhaupt kein Problem. (Während ich dies schreibe, landet ein Schokostück nach dem nächsten in meinem Mund – na ja, die Fastenzeit ist ja auch vorbei.) Aber das Nörgeln ... Ich wusste nicht, wie abhängig ich davon geworden war. Ich war gar nicht zu bremsen. Das hat mich bedrückt, aber die Regel lautet zum Glück: Wenn du etwas von deiner Wunschliste nicht sofort erreichst, nimm es gelassen hin. Für Veränderung hast du jede Menge Zeit. Und damit sich etwas wirklich ändert, darfst du dich liebevoll an die Hand nehmen und immer wieder freundlich daran erinnern. Genauso wie dein Kind übrigens (»Singsang« nennen es die

Erzieherinnen in der Kita, wenn sie melodisch wiederholen »Anziehen, bitte. Zieht euch bitte an.«) Es ist erstaunlich, zu sehen, wie viel sich dadurch schließlich wandeln kann. Richtig stolz kannst du dann sein, bitte schön.

 ## Adios unliebsame Eigenschaften

Hier noch eine kleine Befreiung für nebenbei:

Lass einfach all das sein, was du nicht besonders an dir magst. Ohne viel drüber nachzudenken.

Wenn du in eine unangenehme Verhaltensweise zurückfällst, einfach wieder mit dieser Gewohnheit aufhören und dich selbst ins Herz schließen. Immer wieder. Vielleicht 300000 Mal, na und?

Hadern und Grübeln macht keinen Spaß. Spaß ist aber erlaubt im Leben. Denn mit Spaß und Vorfreude lässt sich am leichtesten etwas wandeln.

Mit allen Sinnen im Jetzt

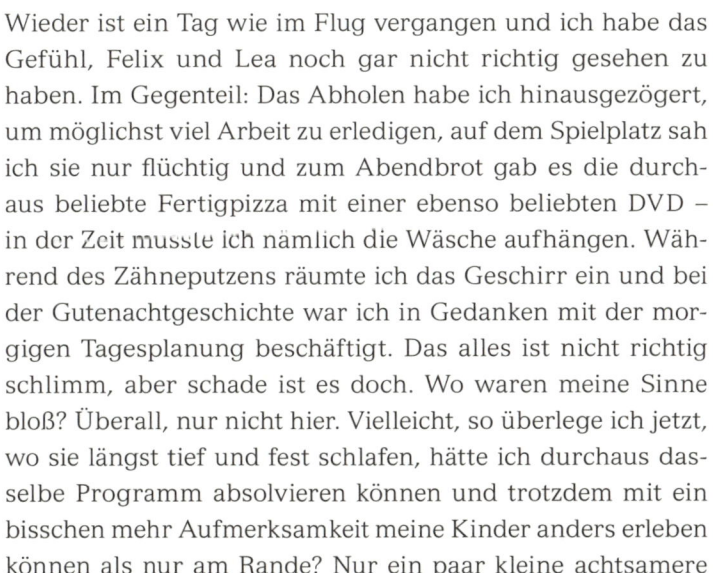

Wieder ist ein Tag wie im Flug vergangen und ich habe das Gefühl, Felix und Lea noch gar nicht richtig gesehen zu haben. Im Gegenteil: Das Abholen habe ich hinausgezögert, um möglichst viel Arbeit zu erledigen, auf dem Spielplatz sah ich sie nur flüchtig und zum Abendbrot gab es die durchaus beliebte Fertigpizza mit einer ebenso beliebten DVD – in der Zeit musste ich nämlich die Wäsche aufhängen. Während des Zähneputzens räumte ich das Geschirr ein und bei der Gutenachtgeschichte war ich in Gedanken mit der morgigen Tagesplanung beschäftigt. Das alles ist nicht richtig schlimm, aber schade ist es doch. Wo waren meine Sinne bloß? Überall, nur nicht hier. Vielleicht, so überlege ich jetzt, wo sie längst tief und fest schlafen, hätte ich durchaus dasselbe Programm absolvieren können und trotzdem mit ein bisschen mehr Aufmerksamkeit meine Kinder anders erleben können als nur am Rande? Nur ein paar kleine achtsamere Momente zwischendurch, Stippvisiten in ihren Herzen?

Achtsam sein bedeutet, immer wieder den Moment mit offenem Blick erleben, einfach so, wie er jetzt gerade ist. So können wir mit etwas Übung der echten (oft sogar viel schöneren!) Wirklichkeit ein bisschen näherkommen. Eine ausgeglichene, achtsame Sichtweise auf die Geschehnisse ist nämlich das Fundament, von dem aus wir unsere Kinder und alle anderen Menschen wertfreier betrachten können.

Im alltäglichen Durcheinander gehen diese Augenblicke leicht unter. Da können wir schon mal das Besondere und die Einmaligkeit unserer Kinder vergessen. Aber weil es so etwas Wertvolles ist und unser Zusammensein vergänglich, sollten wir ab und zu aus dem täglichen Allerlei auftauchen.

Exkursion ins Köpfchen

Damit Achtsamkeit gelingt, dürfen wir uns jetzt etwas genauer anschauen, warum wir gedanklich eigentlich so oft woanders herumschwirren. Angeblich streunen täglich etwa 60 000 Gedanken durch unseren Kopf (wie wurde das bloß gezählt?). Jeder davon schickt einen anderen Impuls: auffordern, erinnern, beurteilen, ablehnen, fantasieren – wir können beim besten Willen nicht alle davon umsetzen oder ernst nehmen. Unsichtbar sind die Gedanken auch noch. Das ist einerseits sehr nützlich, wenn man spontanen Reaktionen rein gedanklich – und zum Glück ungehört – freien Lauf lassen kann, um anschließend äußerst gefasst zu sagen: »Lea, es macht mich jetzt nicht wirklich froh, dass du das Portemonnaie aus meinem Rucksack genommen hast und aus den Scheinen Papierflieger bastelst. Auch dass die Hälfte bereits über den Hof segelt, finde ich keine gute Idee.«

Und unsere Gedanken machen es uns auch schwer: Voller Freiheit bemächtigen sie sich unserer Wahrnehmung und unseres Selbst. Sie sind unermüdlich am Rotieren und meistens lassen sie uns innerlich genau dann nicht zur Ruhe kommen, wenn wir es besonders dringend bräuchten.

Die Krux mit Sein und Schein

Nicht die objektive Situation, nein, unsere Gedanken dazu sind es, denen etwas nicht passt und die uns auf die Idee bringen, jetzt etwa anständig beleidigt zu sein. Das, was unsere Kinder uns wirklich sagen wollen, wird durch unsere Gedanken überdeckt. Oder unsere Gefühle kreuzen den Weg. Bewertungen schieben sich davor. Wie ein Schleier, durch den wir das, was wirklich ist, nur schemenhaft erkennen können.

Falls unser Kind uns selten antwortet – und wenn, dann klingt es eher lustlos –, nehmen wir das auch mal persönlich und reagieren verärgert. Sind wir aber wirklich aufmerksam, können wir merken: Das ist nicht unfreundlich, sondern einfach sein Naturell. Höchstwahrscheinlich ist es mit etwas anderem intensiv beschäftigt. Auch der »ruppige Ton« ist möglicherweise nur unsere subjektive Interpretation, denn seine Freunde stört das nicht im Geringsten. Im Gegenteil, sie sprechen genauso. Oder unser Kind sagt: »Schmeckt mir nicht!« Das können wir gut und gerne als kränkend aufnehmen und nicht sehr besonnen reagieren. In Wirklichkeit hat unser Nachwuchs einfach nur seinen Geschmack geäußert, verärgern wollte er uns nicht.

Sicher ist es wichtig, dass Kinder sich ausdrücken, ohne ihre Mama und andere Mitmenschen zu verletzen. Allerdings sind die meisten Dinge, die sie sagen, nicht beleidigend gemeint, sondern nur auf kindliche Weise klar ausgedrückt – und wir interpretieren sie anders.

Gedanken gehören auch mal ins Sportstudio

Während wir unseren Körper gut kontrollieren können, gelingt uns das mit unseren Gedanken eher selten, oder?

Unsere Gedanken kontrolliert zu lenken, darin sind wir allerdings recht untrainiert. Wäre unser Körper auch so beschaffen, so unbeherrschbar und stimmungsschwankend, müssten wir ihn ununterbrochen bändigen und wären zu keiner richtigen Tätigkeit imstande. Dann könnten wir deutlich erleben, was da eigentlich im Oberstübchen bei uns los ist. Wir würden unter zappeligen Beinen leiden, der Kopf würde ständig in andere Richtungen schauen, unsere Mimik im Sekundentakt wechseln. Die Arme? Hochgeworfen. Dann wieder eng am Körper – denn genau so sind die Gedanken. Ein Rätsel, wie wir bei diesem Theater überhaupt noch arbeiten können.

Wenn wir aus ihnen aber teamfähige Mitarbeiter machen, werden wir immer klarer. Die Momente, in denen mir dies gelang, ermöglichten einen ganz neuen Überblick, gewissermaßen eine Unabhängigkeit vom täglichen Kopfzirkus. Diese besondere Aufmerksamkeit für die Umgebung durch das In-den-Hintergrund-Rücken der Gedankenfluten können wir mitten im trubeligsten Kinderalltag umsetzen, in dem wir uns sonst impulsiv und unbedacht aufhalten.

Ein paar Minuten vor Felix' Einschulungsfeierlichkeit beschloss die kleine Lea beispielsweise, sich einen Kakao selbst herzustellen – im Geheimen, sozusagen. Als ich sie suchte, befand sich bereits die gesamte Mecklenburger Seenlandschaft in unserer Küche. Sandhügel aus Kakao gaben dem Ganzen eine plastische 3-D-Atmosphäre. Mit einem sehr, sehr großen Seufzer begann meine laute Schimpftirade ... dann hielt ich inne und beobachtete meine Gedanken: Wirr jagten sie durcheinander und verzettelten sich zwischen »Gleich geht die Einschulung los, dann wandert die gesamte Verwandtschaft durch diesen Kakaoteich« und »Lea muss vorher fragen!« und »Hilfe, ich drehe durch!«.

Ich ließ alle Sorgen sausen und betrachtete die Lage der Nation aus einer anderen Perspektive. Achtsam, von außen. Das Urteil fiel milder aus. Na schön, hier wurde also der Versuch zur Selbstständigkeit gemacht. Eigentlich ein guter Ansatz. Statt Mutter-Tochter-Konflikt (sprich: Streit und Tränen) nahmen wir uns zwei Lappen und wischten alles wieder auf. Dann tranken wir zusammen Kakao, bis der erste Gast klingelte.

Durch diese etwas veränderte Herangehensweise kam ich schneller wieder »zu mir« und konnte auch die Gesamtsituation entschärfen. Ich fahre zwar oft noch genauso schnell wie früher aus der Haut, kann mich aber schneller wieder fangen.

Bedacht und aufmerksam zu sein bedeutet, Dinge immer wieder von außen zu betrachten, ohne dass unsere Wahrnehmung dabei durch Stimmungen, Vorurteile und mentale Bewertungen getrübt wird. Nichts anderes als die bewusste Wahrnehmung des Augenblicks.

Jetzt also.

 Jetzt

Wie fühlen sich meine Hände an?
Wie meine linke Handfläche, wie die rechte?
Welche Geräusche kann ich hören?
Was sehe ich draußen, wenn ich aus dem Fenster gucke?
Wo im Körper beginnt mein Atem?
Wie sind meine Gefühle gerade? Ich bewerte sie nicht.

Haben wir denn diesen einen Moment an Zeit?
Ja, so oft wir uns daran erinnern.

Um achtsam zu sein, müssen wir nicht Bungee jumpen oder große Abenteuer erleben. Wenn wir innehalten und lauschen, ist das ganz normale Hier und Jetzt schon abenteuerlich genug. Was man da alles mit den Sinnen bemerken kann: hier Geräusche, da Gefühle, dort Gedanken, plötzliche Emotionen – es ist kaum möglich, die vielen Eindrücke gleichzeitig zu erfassen!

Achtsam sein im Alltag

Im Alltag mit unseren Kindern können wir uns in jedem Moment in Achtsamkeit üben, um den gegenwärtigen Augenblick ohne Schleier wahrzunehmen. Beim Essen, beim Spielen, beim Spazieren, sogar beim Einschlafen.

Zugegeben, mir ist nicht so gut gelungen, was Achtsamkeitsspezialist Jon Kabat-Zinn* von sich selbst erzählt: wie er nächtelang aufmerksam und genießend dem gleichmäßigen Atmen seiner kleinen Tochter lauscht, die er als Säugling auf dem Arm wiegt. Ich dachte in diesen Situationen nur an Schlaf und ans Überleben mit oder trotz Baby. Aber es ist offensichtlich, dass Achtsamkeit uns die große Gelegenheit schenkt, die Gegenwart bewusster und anders wahrzunehmen.

Die Disziplin, die das Erüben der Achtsamkeit erfordert, lohnt sich tatsächlich. Auch schwierige Phasen können wir positiver sehen, ihren Zusammenhang mit unserer inneren Haltung erkennen, ihren Sinn ergründen. Wir brauchen dann nicht mehr unter ihnen zu leiden oder uns sogar mit reinen Befürchtungen (»Hilfe, was ist bloß, wenn Lea und Felix heute wieder so schlecht schlafen?«) um den Seelenfrieden zu bringen. Mit dieser Geisteshaltung können selbst ganz kleine, unspektakuläre Alltagssituationen eine große, besondere Bedeutung gewinnen. Achtsamkeit erkennen wir daran, dass wir immer klarer wahrnehmen, was wichtig ist und was nicht: Gemeinsam gute Laune zu haben, ist zum Beispiel ziemlich wichtig.

Die Kinder kommen von den Nachbarn wieder. Ich sehe meinen großen Sohn und seine quirlige Schwester. Die leuchtenden Augen und ihre zarten Seelen, die sich in den Augen spiegeln. Ich betrachte ihre Persönlichkeiten – voller Lebenslust und ungebremster Energie – von der sie bereits einiges in der Sandkiste ausgetobt haben, unverkennbar an den Hosen zu sehen, die in hohem Bogen, gefolgt von einem Sandregen, über den Fußboden segeln. Grußlos fegen sie an mir vorbei, reißen den Kühlschrank auf, die Tür knallt an die Wand, uppala, eine Dose fällt auf den Boden und bleibt liegen. Schon hat Felix sich die Milch geschnappt und trinkt direkt aus der Packung. Dass die Hälfte dabei danebenschwappt, stört ihn nicht besonders. Lea greift nach einem Joghurt. Felix will ihn ihr aus der Hand reißen. Beide kreischen. Ich weiß gar nicht, wo ich mit Tempo-Bremsen anfangen soll, bin schon atemlos vom Zusehen. Dann geht's aber los: »Lea, Felix! Jetzt wird nicht gegessen! Legt eure Hosen ins Bad! Wer fegt das jetzt auf?« Ohne es zu merken, ist mir die so angenehme staunend-liebevolle Wahrnehmung der beiden Wesen vollkommen entglitten und ich bin nur noch gefangen in Reaktion. Ich möchte wieder dorthin zurück, das geht auch: Langsam müssen wir nun alle wieder runterkommen.

Einen Schritt nach dem anderen dürfen wir in solchen Augenblicken dafür sorgen, dass die Kinder zur Ruhe kommen, und versuchen, uns von ihrem Tempo nicht anstecken zu lassen.

In diesem Fall hat das geklappt: Einen Moment später liegen wir auf dem Teppich und träumen, wir reisen über die Welt. Da unten ein Zirkus ... und etwas weiter Indianer ...

Vielleicht gelingt es uns zu zehn Prozent am Tag, an denen wir unsere Kinder wirklich wahrnehmen und nicht im Sog ihres rauschenden Tempos und dem Impuls zu reagieren gefangen sind. In diesen wenigen Momenten aber können wir sie wirklich sehen, unsere Kinder. Ganz ohne Erwartungen, Verbesserungsvorschläge, Maßregelungen, kurz: ohne Gedanken im Kopf, die uns den Blick verstellen. Manchmal erfordert das starke Konzentration. Dann plötzlich gelingt es sogar wie von selbst, ganz leicht, voller Zuneigung und Aufmerksamkeit.

Wir können dies in jeder alltäglichen Situation ausprobieren. Dafür ein paar Anregungen:

Begrüßen

Wenn du dein Kind heute begrüßt, stell dir vor, ihr hättet euch richtig lange nicht gesehen. Nimm es ganz und gar wahr: seine Augen, seine Arme, seine Schultern, seine Bewegungen, seine Wärme, seine Worte. Auch wenn es an dir vorbeisaust, nimm es wahr, wie es ist.

Spontanität

Versuche, wann immer es möglich ist, auf die spontanen Wünsche deines Kindes einzugehen. »Fang mich!« oder »Wollen wir Memory spielen?« sind Aufforderungen, die uns oft in Augenblicken erwischen, in denen wir eigentlich etwas ganz anderes tun wollten. Diese Einladungen anzunehmen, die inneren Widerstände zu ignorieren, verhilft uns zu einem achtsamen Miteinander.

Berührungen

Berührungen sind der »easy way« der Achtsamkeit für ganz Faule wie mich. Wenn wir unser Kind umarmen, mit ihm kuscheln, wenn es auf uns zuflitzt, uns ein Küsschen gibt oder neben uns einschläft, dann sind wir fast immer ganz von selbst in der Gegenwart mit ihm.

Zuhören im Alltag

Auch das Zuhören ist eine wunderbare, allerdings nicht ganz so leichte Möglichkeit, den anderen achtsam wahrzunehmen. Kinder erzählen gerne – und gerne viel. Meistens sind wir nicht richtig konzentriert und machen bei der Unterhaltung allerlei parallel: den Tisch abräumen, etwas suchen. »Gleich bin ich für dich da!«, sage ich etwa zwanzig Mal, und dann kommen noch etliche Kleinigkeiten dazwischen.

Diesmal ist der Moment für eine echte Unterhaltung gekommen. Alles bleibt jetzt erst mal links liegen. Es erfordert eine hohe Konzentration, dabei Gedanken und körperliche Kurzschlussreaktionen zu überwinden wie: »Erst mach ich das noch schnell, dann unterhalte ich mich endlich.« Aber es geht. Ganz egal, ob es sich um ein herrliches Abenteuer oder um ein bedrückendes Erlebnis in der Schule handelt, ob wir gerade Lust haben oder nicht – tief einatmen:

 Wie ging das noch mal: richtig zuhören?

- Wende dich deinem Kind zu: Was will es gerade erzählen?
- Dein ganzer Einsatz ist gefragt: Mitgefühl, Begeisterung oder Erstaunen. Nachfragen tut gut: »Wie war das genau mit ...?« Das sind Reaktionen, die dein Kind freuen, denn es merkt: Hier wird mir zugehört!

- Psst: Kein Verbessern oder Richtigstellen, denn es geht nicht darum, recht oder unrecht zu haben. Stattdessen bist du ganz unvoreingenommen.
- Nicht vergessen: Blicke deinem Kind in die Augen, während ihr miteinander sprecht.
- Auch wenn die Gedanken immer wieder abschweifen: Kehre mit deiner Konzentration ganz und gar zum Thema zurück.
- Zuhören kann manchmal erschöpfen – mal wegen der Länge des Vortrags, mal wegen der eigenen Gedanken, die dazwischenfunken. Wird es schwierig, kannst du das Thema selbst in die Hand nehmen: Fragen stellen, die dich selbst brennend interessieren.
- Auch das Geben von Tipps und Ratschlägen ist ein Augenblick, um achtsam zu bleiben: Beiläufiger Trost wie »Wird schon wieder« kommen uns rasch über die Lippen. Sie blockieren jedoch einen warmherzigen, echten Kontakt zwischen uns und unserem Kind.

Du wirst sehen: Dein Kind freut sich über seine tolle Zuhörerin!

Um Achtsamkeit in den Alltag zu integrieren, benötigen wir eine Überzeugung, wie wir sie für das Erlernen eines Instrumentes brauchen: Es ist ein gewisses Maß an liebevoller Selbstdisziplin nötig, am besten in einer motivierenden, angenehmen Dosis, damit wir die Lust daran behalten. Für unsere Gedanken ist Konzentration nämlich ein anstrengendes Unterfangen, wir brauchen einen Schubs an Willensstärke, mitunter ist es auch ein Zweikampf, aber zu streng müssen wir auch nicht mit uns sein. Es sollte so viel Spaß machen, dass wir es gerne wiederholen, und der Erfolg wird sein, dass wir anschließend zufriedener sind als vorher.

Es ist gar nicht so schwer. Schwer ist nur, die Gedanken dazu zu bewegen, kurz eine Nebenrolle zu spielen. In der Tat können wir bei diesem Versuch so manches schauspielerische Drama erleben, mit dem unsere Gedanken sich wieder ins rechte Licht rücken wollen. Wenn wir uns aber vergegenwärtigen, dass Achtsamkeit hilft, unsere Kinder und unser Leben so wunderbar wahrzunehmen, wie sie sind, haben wir einen handfesten Anreiz. Und es klappt immer besser, wie ein Musikstück, das uns nach vielem Üben plötzlich leichter gelingt und wunderschön klingt.

Leben hat Vorfahrt! Wir können uns immer wieder des Lebens gewahr sein, statt vor ihm in Eile davonzulaufen. Denn nichts ist so wichtig wie das Leben selbst.

Pack die Badehose ein

Die Ferien fangen so richtig an, wenn man beginnt, die Koffer zu packen! Das kann ja nicht so schwer sein, überlege ich.

Mir nichts, dir nichts stehen jetzt allerdings drei riesige Koffer vor mir. Wie kommt das denn? Ich habe doch nur das Allernötigste gepackt für zwei Wochen Ostsee. Regenhosen, Windeln, Fläschchen, Feuchttücher, Anziehsachen. Mehr nicht. Ach ja. Handtücher, Lätzchen, Schwimmsachen, Kuscheltiere, Sonnencreme, Schaufeln. Soll das Töpfchen eigentlich mit? Ah, da ist ja noch unser Zelt. Die Fahrräder bleiben hier, passen sowieso nicht mehr ins Auto. Bademäntel sind Luxus. Sonnenhüte nicht vergessen. Und wenn es regnet, brauchen wir etwas zum Spielen für drinnen. Das sind nun drei Koffer, einer zu viel fürs Auto. Es folgt langes Knobeln; alles wieder abgespeckt, nun sind es noch zweieinhalb. Auch die passen nicht ins Auto.

Ist immer noch so viel Überflüssiges dabei? Der Papa tippt sich an die Stirn: »Du bist verrückt geworden.« Er fischt einen Schwimmring aus der Seitentasche. »Von all diesen Dingen brauchen wir gar nichts.« – »Aber der Schwimmring ist doch wichtig. Und er ist total klein«, erwidere ich. »Kleinvieh macht auch Mist!«, ruft Felix und ich blicke ihn und Lea nachdenklich an. Stimmt.

Früher reichte mir ein kleiner Rucksack. An mir kann's also nicht liegen. Lea kommt herbei, einen riesigen Sack hinter sich her schleifend: »Das nehme ich mit«, verkündet sie. Eine Spieluhr zum Einschlafen (von wegen schlafen!), Kuscheltiere, bunte Legoteile und andere lebenswichtige Dinge kullern heraus. Nach langem Verhandeln dürfen Spielkarten und Seifenblasen mit.

Felix genügt sein ferngesteuerter Gabelstapler, den nimmt er sowieso auf den Schoß. Nun will Lea auch irgendetwas Ferngesteuertes dabeihaben. Außerdem möchte sie im Auto gerne die Provianttüte halten, hat jetzt aber schon die Hälfte aufgegessen. Wir verbringen Stunden mit Feilschen. Schließlich ist alles auf zwei Koffer reduziert, die in unser kleines Auto geschoben werden. Eine Hand gegen die Koffer gestemmt, die andere wirft im Affenzahn die Heckklappe zu, damit nichts herauspoltert, so kann es endlich losgehen.

»Mir ist schlecht – wie lange noch? – ich habe Hunger – wann sind wir da?« So lautet unser gängiger Reisesong während der Fahrt. Mit Kasperlepuppen, Gummibärchen, hübschen Liedern aus meiner Kinderstube wie »Mich brennt's in meinen Reiseschuh'n« und ein paar Hörspielen versuche ich die Truppe zu unterhalten, aber die kommt immer wieder auf ihre Grundbedürfnisse zurück. »Ich muss noch mal aufs Klo«, ruft Lea nun zum dritten Mal. »Mir ist sooo langweilig«, stöhnt Felix, »ich will nach Hause.« Wie soll man da bloß jemals in die Karibik kommen, wo es mich doch eigentlich magisch hinzieht? Na ja, erst mal also Ostsee. »Gleich sind wir da.«

Angekommen, regnet es in Strömen. Zum Glück haben wir die Regensachen dabei! Aber wo sind die eigentlich? Ah, eine

Jacke. Die von Papa. Die anderen haben wir vergessen. Sie müssen im dritten Koffer gewesen sein.

Schnell bauen wir das Zelt auf und setzen uns rein. So, das wäre erledigt. Lea ist mit den Malstiften verschwunden. Auch gut.

Nachts: Felix ist schlecht. Ich gehe dreimal mit ihm raus. Papa ist es im Zelt zu eng. Er zieht aus ins Freie. Immerhin schläft Lea wie ein Stein. Zum Glück scheint am nächsten Tag die Sonne, wir können schwimmen gehen, anstatt neue Regensachen zu kaufen. Papa langweilt sich und verschwindet mit seinem Laptop hinter den Dünen. Mama langweilt sich auch und blickt auf die See.

Ich kann mich nun aber nicht verziehen, denn einer muss die Kinder ja im Blick haben. Was nun? Ich seufze und beschließe: »Nachher tauschen wir eben und dann habe ich eine Pause. Jetzt ist wohl offensichtlich der Moment für wirkliche Achtsamkeit gekommen.« Ein Versuch ist es jedenfalls wert. Ich schlendere zu den Kindern und tippe mit dem Fuß ins Meer. Lea lacht mich an und ruft: »Los, verstecken, da kommt ein Seegestüm!« Felix nähert sich bedrohlich fauchend. Ich muss lachen und lasse mich erst mal ins Wasser fallen. Oh, glitzernde Fische sind da, weit oben ganz kleine weiße Wolken, neben mir Kinderlachen – und ich bin mittendrin. »Hier gefällt's mir!«

Am Nachmittag erscheint der Campingplatz-Besitzer: »Ihre Tochter hat gestern Abend die Türen aller Nasszellen angemalt.« Ein Nachbar habe genau zugesehen. Schön ist es auf dem Zeltplatz … Hauptsache haftpflichtversichert! Sind wir das? Wir sehen uns groß an.

Lea kratzt sich währenddessen am Rücken. Flöhe. Unsere neuen Freunde werden wir nicht mehr los. Ich fantasiere immer lebhafter von meinem Karibik-Hotel mit Animationsteam und Kinderclub ... Und zwischen all diesen gängigen Kataströphchen haben wir trotzdem eine tolle Zeit.

Reisen mit Kindern ist wie Alltag an einem anderen Ort – es sei denn, man hat ein Luxushotel gebucht. Wer die finanzielle Ausstattung dafür hat, sollte das hemmungslos tun! Es dient der Stimmung kolossal: nicht kochen, nicht putzen, nicht babysitten. Bei uns an der Ostsee ist es eher ein bisschen wie sonst auch: Der Alltag bleibt, aber die Landschaft ist anders. Aber diese Abwechslung, die andere Umgebung mit den Kindern zu genießen, darum geht es.

Und daraus das Allerbeste zu machen, das ist der Genuss, der Urlaub eben ausmacht. Auf dem Rücken liegend in den Himmel gucken, einem vorbeiflatternden Schmetterling nachschauen, das Meer rauschen hören.

Schon ist der Moment vorbei, eins der Kinder hat sich wehgetan und heult entsetzlich – zum zehnten Mal heute. Ja, das sind die richtigen Ferien, so geht es. Mal so, mal so. Falls du zwischendurch ein paar ruhige Worte mit deinem Partner wechseln kannst: Alle Achtung, wunderbar!

Unterwegs könnte es dir ja vielleicht so gehen wie mir, wenn ich denke: »So habe ich mir die Ferien nicht vorgestellt.« Aber Ferien mit Kindern sind eben nicht wie die Ferien, als wir noch keine Eltern waren. Wir sind Babysitter, Entertainer, Packesel, Schwimmlehrer, Vorleser, Tröster und Putzteufel. Dabei haben wir gedacht, nun könnten wir uns endlich, endlich vom harten Alltag so richtig erholen. Lange ausschlafen vielleicht, zusammen bis in die Puppen kuscheln, geistreiche Gespräche mit dem geliebten Mann führen, sogar lesen!

Wenn wir uns darauf einstellen, dass alles vielleicht ganz anders wird – wenn wir uns möglichst gar keine Vorstellungen machen, dann können es die besten Ferien überhaupt werden. Da werden wir plötzlich Sachen machen, zu denen wir sonst nie Gelegenheit haben: Baumhäuser bauen, Kräuter sammeln, kein Computer, ausgiebige Ausflüge machen, ordentlich streiten, gleich wieder vertragen, immerzu Eis essen – das ist der herrliche Unterschied zum Alltag. Ferien sind also auch die Gelegenheit, einen Teil Alltag hinter sich zu lassen: das Handy abschalten, den Kalender weglegen, das Laptop gleich zu Hause lassen. Endlich können wir mal das Gegenteil von unserem Alltagsprogramm machen. Und zwar ganz viel von dem, was sonst zu kurz kommt.

Schon geht's los: ganz entspannt in die Ferien

Entspannung in den Ferien – das müsste sich doch eigentlich ganz von selbst einstellen. Wenn man ein paar Dinge berücksichtigt, dann ist das auch so:

Unser aller Wunderwunschtraumort

Mama, Papa, Kinder – alle haben unterschiedliche Wünsche und Bedürfnisse in den Ferien. Daher macht es Sinn, vorher zusammen zu überlegen, an welchem Ort für alle etwas dabei ist. Gibt es eine Bademöglichkeit, ist ein Café in der Nähe? Papa liebt Museen und Mama Kiting? Wo kann man das am besten unter einen Hut bringen?

Macht schnell, ich muss mich entspannen!

Am ersten Ferientag entspannt sein nach langen Arbeitswochen, das geht gar nicht. Lieber in den ersten Tagen die Umgebung erforschen, Radtouren unternehmen, umherstromern eben. Nach ein paar Tagen sind wir dann in der Regel reif für einen ganz faulen Tag, ohne unruhig und angespannt zu sein.

Trainingscamp für Optimismus

Eine optimistische Lebensansicht kann man in den Ferien bestens trainieren: Irgendetwas geht immer schief. Wir zum Beispiel hatten eine Autopanne, kaum drei Minuten nach der Abfahrt. Dann besonnen zu bleiben und sich zu sagen: »Macht nix, wir finden eine Lösung«, das können wir in den Ferien besonders gut einstudieren. Der Pannendienst löste unser Problem dann schneller als gedacht und das vermeintliche Drama wurde sogar rückblickend zur lustigen Urlaubsanekdote. Was gibt es noch? Nörgelnde Kinder, Stau, schlechtes Wetter, Papa hat auch noch schlechte Laune – alles ist im nächsten Augenblick meistens wieder halb so schlimm. Besonders wenn wir an unserer Einstellung feilen und immer wieder bei uns selbst bleiben. Durchaus mit etwas Ironie für das Leben. Dabei hilft es, Prioritäten zu setzen, was uns wirklich wichtig ist und was nicht so schlimm ist.

Gute-Laune-Technik

Wir selbst brauchten erst mal ein paar Reisen, bis wir noch einem wichtigen Trick für gute Urlaubsstimmung auf die Schliche gekommen waren: Ab und zu bekommt einer der beiden Eltern frei. Ja – richtig frei. Mal die Mutter, mal der Vater. Vielleicht lässt sich das sogar zeitlich festlegen, sodass wir uns verlässlich darauf freuen können: »Morgen Nachmittag werde ich wieder zur Insel da drüben schwimmen und von meinem Lieblingsfelsen einfach nur aufs Wasser gucken. Alleine. Juhuuu!« Eine solche kleine Aussicht wirkt Wunder, sogar für die Zeit davor und danach, denn sie macht uns sofort besser gelaunt und entspannter. Manchmal kommt etwas dazwischen. Macht nix. Dann wird mein ruhiges Stündchen halt verschoben. Und nach einem solchen Tête-à-Tête mit deinem selbst gewählten Privatvergnügen machen

Unternehmungen mit allen zusammen auch wieder besonders viel Spaß.

Gibt es mehrere Kinder, können wir uns auch mal aufteilen. Die Mutter marschiert mit den Töchtern los und der Vater mit den Söhnen. Oder umgekehrt. Am Abend sehen sich alle wieder und haben was zu erzählen.

Und vielleicht wird auch ein Traum wahr: Die Eltern wechseln sich mit dem Ausschlafen ab.

Fünf-Sterne-Empfehlungen

Es ist Erfolg versprechend, an einen Ort zu reisen, an dem es viele Kinder gibt. Campingplätze sind eine gute Wahl, auch wenn die Kinder noch klein sind. Da können sie sich fröhlich gegenseitig die Kuchenformen stibitzen und ihre Eltern wechseln sich vielleicht mit der Betreuung ab, wenn es sich ergibt. Gibt es an diesem Ort auch Tiere, vielleicht sogar zum Streicheln und Füttern, dann ist das ideal.

Einen echten Joker hast du auch, wenn das Reiseziel über ein Café oder einen kleinen Einkaufsladen verfügt: Nicht immer nur die eigenen vier Wände, sondern was zum Gucken gibt es dort – andere Leute kann man beobachten, andere Sitten bewundern, mal das Kochen sausen lassen und hier etwas Regionales genießen.

Mit Kindern allein unterwegs

Allein unterwegs zu sein mit Kindern kann auch sehr entspannt sein.

Wir können uns ihnen ganz und gar widmen, und wenn die Kleinen dann doch mal ein paar Kurven mit anderen Kindern, Ziegen oder Schafen drehen, haben wir Zeit für uns allein.

Vielleicht kommt aber auch eine Freundin mit oder die Oma? Jede neue Konstellation beinhaltet neue Erlebnisse für alle. Ebenso hilfreich wie beim Verreisen mit der ganzen Familie ist es, sich vorher etwas genauer abzusprechen, welche Freiräume es für die mitreisenden Erwachsenen gibt.

Wieder zu Hause

Zum Reisen gehört auch das Wiederkommen. Wenn es sich einrichten lässt, sollten wir nicht unbedingt erst am Tag vor Arbeitsbeginn nach Hause kommen, sondern etwas Luft dazwischen lassen. Noch etwas in den Urlaubserlebnissen schwelgen, noch mal zum hiesigen Eisladen schlendern ...

Bei uns ist es diesmal allerdings so: Die Wohnung sieht bei unserer Rückkehr unbeschreiblich aus. Wir hatten sie zwei Studenten überlassen, die sich um die Katze kümmern wollten. Wo ist die Katze eigentlich? »Die haben wir schon seit Tagen nicht gesehen«, sagen sie freimütig. »Macht nichts«, murmel ich betreten und beginne mit dem Auspacken der Koffer. Da sind ja die Regensachen! Sie waren in einer versteckten Seitentasche. »Stimmt, da habe ich sie reingetan«, sagt Felix stolz. Er ist zurzeit Geheimagent.

Vergessen haben wir an der Ostsee: einen ferngesteuerten Gabelstapler, einen Schlafanzug, Papas Badehose, Leas Malstifte und zwei Kuscheltiere. Das geht ja noch. Mitgenommen haben wir: zwei unbekannte Handtücher, zwei Kuscheltiere der Nachbarfamilie und jede Menge Flöhe. Einer hat sich enorm in Felix verliebt: Er bleibt ihm fast ein halbes Jahr treu.

Ich bin noch ganz erschöpft von der Rückreise, aber die Fotos zeigen: Uns ging's gut! Mit allen Turbulenzen, die dazugehören.

Die Welt ist voller Gurus

Dir werden die verrücktesten Leute, getarnt als Supermutti und Superpapa, die seltsamsten Weisheiten absolut überzeugend nahelegen (nun ja, ich gehöre natürlich nicht dazu!). Nimm es wahr, aber lass dich davon bloß nicht beeindrucken. Du weißt ja: Du bist der Profi mit deinem Kind. Wenn jemand dich von seinen eigenen Vorstellungen überzeugen will (»Nur Gläschen von Hippi© sind lecker, mein Manduko© ist der einzig wahre Tragerucksack und der Kinderwagen von Sitzgut© vermeidet langfristig Bandscheibenschäden fürs Baby«), buche es in der Abteilung »Ungewöhnliche Begebenheiten des Tages©« ab. Denn zu viel Weisheit verträgt kein Mensch. Erst recht, wenn die Weisheiten der vielen Neunmalklugen um uns herum sich auch noch auf rätselhafte Weise widersprechen. Und das tun sie gerne, je mehr Persönlichkeiten und Persönchen du zurate ziehst.

Ganz gleich, ob es ums Stillen, Impfen, um Schulformen, um Schnuller, Ernährung oder um das Thema Fernsehen geht: Es gibt kein Richtig und kein Falsch, es gibt immer nur ein Für und ein Wider und manchmal ein Dazwischen. Hier ein paar Beispiele aus dem Alltag mit Baby, einer Zeit, in der wir am empfänglichsten sind für all die gut gemeinten Ratschläge:

Schlaf, Kindchen, schlaf

Manche vertreten die Ansicht, ein Kind müsse durchschlafen, damit es sich kognitiv richtig entwickelt. Andere sagen, Kinder wachten naturgemäß nachts mehrmals auf, das sei also normal. Tatsächlich ist es so, dass es keine Faustregel dafür gibt, wie lange Babys nachts oder tags schlafen und ab wann oder ob sie überhaupt durchschlafen. (Meine beiden sind schon ziemlich groß und schlafen bis heute nicht die ganze Nacht bis zum Morgen durch. Das tun die wenigsten).

Es gibt nur den eigenen Gradmesser: Was braucht mein Kind, was möchte ich, und wie bringen wir beides unter einen Hut? Und das möglichst, ohne dass unser Kind sich alleingelassen fühlt, das würde nämlich sonst das Gegenteil bewirken: Verlustängste unseres Babys und dadurch nächtliches Weinen und weitere schlaflose Nächte für die Eltern.

Es gibt viele Kompromisse und Lösungen, die wir ausprobieren können. Einer davon ist zum Beispiel, dass die Eltern sich damit abwechseln, beim Kind zu schlafen (damit die/ der jeweils andere ungestört schlafen kann). Ein anderer ist, selbst immer dann zu schlafen, wenn auch das Baby schläft – also gegebenenfalls auch tagsüber und früh am Abend, bis das Kind seinen Schlafrhythmus ändert. Ein weiterer ist, die Oma, einen guten Freund, die Haushaltshilfe oder eine Babysitterin zu bitten, mit unserem Kind spazieren zu gehen: In der Zeit holen wir unseren versäumten Schlaf nach.

Selber zu genügend Schlaf kommen, heißt manchmal auch: zunächst erst einmal selbst wieder schlafen zu lernen. Viele Mütter konnten schon in der Schwangerschaft nicht mehr richtig gut schlafen. Und nun ist es noch schwieriger geworden? Mit der Zeit lässt es sich wieder lernen, nicht bei jedem Geräusch aufzuwachen und auch nach mehrmaligem Wecken durch unser Baby wieder einschlafen zu können.

Mein Mann und ich kreierten eine kleine sportliche Disziplin, die als »Kampfschlafen« in den Familienjargon überging. Der Trick ist im Nu erlernt: trotz eines zwischen Mamas und Papas Kopf herumkrabbelnden Kleinkindes mit voller Windel und dem durch nichts zu bremsenden frühsonntäglichen Redeschwall des größeren Brüderchens die Augen geschlossen zu halten, leise »Om« zu sagen – und vor allem darum zu beten, dass der Partner früher aufgibt (oder dass die Kinder bei dieser gelassenen Nichtbeachtung von Mama und Papa ihre eigenen stillen Beschäftigungen finden – beispielsweise eine Box Taschentücher in Konfetti verwandeln, die Wickelcreme als Ganzkörperpackung auftragen …). Gesiegt hat, wer länger durchhält und dabei noch mal einschläft. Manchmal gab es sogar zwei Sieger. Wenn gar nichts half, griff ich auch mal auf meine geliebten Ohrstöpsel zurück – die andere Lösung für fast alle Lebenslagen.

Und wie handhaben wir es mit dem Schlafort unseres Babys? Die einen raten davon ab, das Baby im Elternbett zu haben, die anderen empfehlen es wärmstens. Ich zum Beispiel finde es sogar ausgesprochen wichtig, aber prompt kam es natürlich anders: Erst machte ich mir ständig Sorgen, dass ich mich aus Versehen auf mein Kind lege, und dann rotierte es beim Schlafen wie eine kleine Waschmaschine – keiner von uns machte mehr ein Auge zu. Ein anderes Zimmer für den Säugling kam auch nicht infrage. So ein kleines Kerlchen ganz alleine – und wir Eltern ganz ohne es? Nachts mehrmals von einem ins andere Zimmer rasen? Undenkbar. Das Baby schlief ab jetzt in einer riesigen knarzenden Wiege von der Urgroßmutter und später in einem selbst gezimmerten Anbau direkt am Elternbett. Das war schließlich die Lösung. Wenn Felix nachts (mindestens) dreimal aufwachte, konnte er sich über einen schläfrig-streichelnden Arm freuen.

So war es also bei uns. Und bei dir ist es bestimmt wieder ganz anders. Was auch immer du umsetzen möchtest, es wird ziemlich sicher gut funktionieren, vor allem, wenn du dich von niemandem verunsichern lässt.

Die berühmte Schnullerfrage

Andere Diskussionen ranken sich um den Schnuller. Die einen sagen: Das Baby braucht unbedingt einen Schnuller, damit es sich selbst beruhigen kann. Andere bevorzugen ein daumenlutschendes Baby, denn der Daumen ist praktischerweise immer dabei, kostet nichts, ist außerdem hundert Prozent bio und geht bestimmt nicht verloren. Wieder andere sagen: Weder Schnuller noch Daumen, denn beides fördert die orale Abhängigkeit, das Baby wird süchtig und geht leider nahtlos zur Zigarette über (tatsächlich kursiert dieses Gerücht).

Niemand aber kann wirklich einschätzen, was bei euch sinnvoll ist. »Schatz, wir müssen reden!« kann man einem Säugling nur schwer vorschlagen. Vielleicht nimmt dein Kind nichts von all den Angeboten an, dann ergeben sich für euch beide andere Fragen als bei einem Säugling, der immer einen Schnuller braucht.

Beim ersten fragt man sich: »Wie um Himmels willen beruhige ich mein Kind, wenn es nicht diesen wunderbaren Schnuller nimmt?« Beim zweiten (nur etwas zeitversetzt): »Wie um Himmels willen werde ich diesen blöden Schnuller wieder los?«

Öfter sind es nur Phasen, die einem bedrohlich erscheinen: Plötzlich bleibt der Schnuller oder der Daumen den ganzen Tag im Mund, sonst wird lautstark protestiert? Das geht in der Regel vorüber.

Lea zum Beispiel lehnte alles ab, was auch nur im Ansatz schnullermäßig aussah. Nur Stillen kam infrage. Die ungenutzte Schnullersammlung wuchs und wuchs währenddessen. Es kamen Formen namens »Cherry«, »Spacy Smoother« und »Dentistars Pacifier aus kiefergerechtem Naturkautschuk« hinzu – das alles interessierte Lea nicht, ihre gleichaltrige Freundin Sara übernahm die exotische Sammlung. Eines Tages aber genügte Lea plötzlich Mamas Hand. Mitleidig blickten mich nun Verwandte an, wenn Lea meinen kleinen Finger in Beschlag nahm, während ich versuchte, mit der verbliebenen Hand gleichzeitig Messer und Gabel zu bedienen.

Felix wiederum konnte nicht ohne Schnuller leben – lieber ohne Mama als ohne Schnuller! Als mit vier Jahren die Schnullerfee mit einer riesigen Spielzeug-Feuerwehr aufkreuzte, entschied er sich ohne zu zögern für den Schnuller. Bei der Standpauke über ungesunde Zahnstellungen stopfte Felix sich demonstrativ und energisch den Schnuller in den Mund. Als wir dachten, er behält ihn bis zur Rente, ließ er ihn von selbst links liegen.

Vielleicht ist es bei dir wie bei meinen Nachbarn: Abends möchte ihre Kleine unbedingt einen Schnuller zum Einschlafen haben. Tags hat sie den ganz vergessen und setzt in Unsicherheitsmomenten den Daumen ein. Und mit drei Jahren fand die Kleine dann auch den Einschlafschnuller uninteressant.

Also: Nimm das kleine Ding nicht ernst! Lass deinem Kind das Vergnügen und teste freundlich, ob es den Schnuller heute schon freiwillig abgeben möchte – oder eben lieber erst morgen!

Reif für den Kindergarten?

Spannend ist auch die Diskussion bei der Entscheidung für oder gegen den Kindergarten. Die einen verkünden: Kommt ein Kind nicht frühzeitig in den Kindergarten – die moderne Großfamilie –, hat es später Schwierigkeiten, mit anderen zurechtzukommen und Sozialkompetenz zu entwickeln. (Zu Hause schnappt es allerdings durch Nachbarskinder, Geschwister, Eltern, Tagesmutter auch ein paar dezente Regeln auf, möchte ich da gerne erwidern.)

Die anderen befürchten dagegen, Kinder erlitten unweigerlich ein schweres Trennungstrauma, wenn man sie vor dem Alter von drei Jahren in den Kindergarten schickt. Zudem brächte die Mutter sich so um das volle Erlebnis der Mutterschaft und müsse mit einem entsprechend schlechten Gewissen klarkommen. (Dermaßen unglücklich sehen die Kinder und Mütter aber eigentlich nie aus, möchte ich wiederum hierzu sagen.)

Seltsamerweise haben Milliarden von Kindern auf unserer Erde das Leben und seine sozialen Regeln mit oder ohne frühen oder späteren Kindergarteneintritt gemeistert. Und ob das gut oder nicht so gut gelingt, hängt vor allem davon ab, wie liebe- und respektvoll die betreuenden Bezugspersonen, egal ob Mutter, Vater, Oma oder Kindergärtnerin, unsere Kinder begleiten.

Erstaunlicherweise sind all diese unterschiedlichen »Weltanschauungen« wissenschaftlich untermauert. Aber auch wissenschaftliche Erkenntnisse widersprechen sich und haben oft ein begrenztes Haltbarkeitsdatum, nämlich bis sie von einer neuen Erkenntnis abgelöst werden. Sie haben trotzdem mit deinem Kind und deiner Familie, mit euren Bedürfnissen wenig zu tun. Das macht aber nichts. Denn ihr entscheidet sowieso, welcher Weg für euch der richtige ist.

Es gibt Kinder und Eltern, die wollen oder brauchen eine längere gemeinsame Zeit zu Hause, und es gibt Kinder, die drängt es sichtbar nach einem Schritt in die nächstgrößere Dimension, den Kindergarten. Vielleicht verbringt Luisa den Tag am liebsten bis zum Mittag im Kindergarten und spielt gerne am Nachmittag zu Hause, und das passt sehr gut in Papas oder Mamas Arbeitsplan. Oder auch ganz anders – wie es am besten funktioniert. Und das wissen nur Luisa und ihre Familie selbst.

Es gibt tausend und mehr Lösungen für die Kindergartenfrage – manchmal kann es auch ganz ohne Kindergarten gehen –, das Einzige, was es wirklich nicht gibt, sind allgemeingültige Aussagen anderer darüber, was für dein Kind das Richtige ist.

Brisantes Thema: Mutter und Beruf

Das Thema »arbeitende Mütter« ist ein riskantes Minenfeld, durch das man sich nur auf Zehenspitzen bewegen darf. Mit lebhaften Diskussionen muss man auf jeden Fall rechnen. Die einen meinen, es schade einem Kind, wenn es seine Mutter nicht stets um sich hat. (Unerwähnt bleibt hier übrigens der Vater.) Die Mutter bekäme ihrerseits von ihrem Kind und seiner Entwicklung nichts mit. »Wozu hat sie es dann bekommen?«, lautet die Frage hier gerne. Sie wird selten selbst gefragt (logisch, ist ja auch immer bei der Arbeit). Die Antwort darauf lautet: Sie hat ihr Kind bekommen, weil es wunderschön ist, mit ihm zu leben, *auch* wenn sie arbeitet. Kinder und Arbeit schließen sich nicht aus. Oft geht es gar nicht anders. Obwohl viele Mütter gerne mehr Zeit mit ihrem Kind verbringen würden, ist es für die meisten finanziell nicht machbar. Alleinerziehende können in der Regel nicht einmal davon träumen.

Berufstätig zu sein beinhaltet, trotzdem den Alltag mit Kindern zu meistern, gemeinsame Nachmittage zu verbringen, lange Wochenenden und sonnige Familienreisen. Oft ist die Mutter ausgeglichener – für die Kinder das Wichtigste –, wenn sie ihre Berufstätigkeit nicht aufgibt. Ob und wie eine Frau und ihre Familie alles unter einen Hut bekommen, ist ihre eigene Entscheidung, vor der wir generell sagen sollten: »Alle Achtung! Toll, wie die das gemeinsam schaffen!«

Manche schließen nun daraus, alle Mütter müssten so schnell wie möglich wieder arbeiten. Die Schwerpunkte jeder Familie sind aber unterschiedlich. Es gibt Eltern, für die hat das Zuhausebleiben mit ihren Kindern Priorität –, und genau so ist es dann auch, und es ist gut. Ob wir uns für einen Beruf entscheiden oder für das Zu Hausebleiben mit Kind – die Priorität des einen stellt die des anderen nicht infrage.

In einem Artikel beschreibt Familienministerin Kristina Schröder anschaulich, wie ihre eigene Erfahrung als öffentliche Person mit den Urteilen anderer war: Erst haben sich alle wütend darüber aufgeregt, dass eine Frau ohne Kinder diesen Posten übernimmt. Nach der Geburt ihrer Tochter wurde sie beim Einstieg zurück in den Beruf wiederum heftig als »Rabenmutter« beschimpft. Sie selbst hat sich nach eigenen Worten davon nicht weiter irritieren lassen.

Eltern sollen sich bei ihrer Entscheidung niemals unter Druck gesetzt fühlen. Das Zuhausebleiben mit Kind ist gleichwertig mit jeder anderen Berufstätigkeit. Anspruchsvoll und wichtig ist es auch. Es sollte dementsprechend gleicher-

maßen gewürdigt und gerne blendend bezahlt sowie angemessen rentenversichert werden. Das Erziehen von Kindern
als verantwortungsvolle und herausfordernde Tätigkeit sollte
als wichtiger positiver Punkt in den Lebenslauf integriert
werden können. Bis es einmal so weit sein sollte, dürfen wir
noch viele Arbeitgeber, Chefinnen und Politiker davon überzeugen.

Unsere Wünsche, Bedürfnisse, Notwendigkeiten (und die
der ganzen Familie) sind entscheidend für den Lebensweg,
der schließlich funktioniert. Und jetzt mal staunen: Vielleicht
wird es sogar ein Mittelweg! Denn oft müssen wir einen
Kompromiss finden, abwägen, was das Beste ist. Wenn die
eigenen Bedürfnisse ohne schlechtes Gewissen umgesetzt
werden, ist das nicht nur sinnvoll, sondern auch liebevoll und
familiär. Keine Sorge, perfekt wird es sowieso nicht.

Heute schon »gebondet«?

Die Forschung kann inzwischen wissenschaftlich belegen,
dass »Bonding«, das intensive Beziehungsgefühl zwischen
Mutter und Kind, lebensnotwendig ist für die zukünftige
Beziehung. Nun ja, wir haben auch ohne diese Ansage viel mit
unseren Kindern gekuschelt, aber gut, diese Sparte möchte
eben auch etwas dazu verkünden ... Besonders betont wird,
wie entscheidend es sei, viel Zeit mit dem Neugeborenen zu
verbringen, um eine gute Bindung zu ihm aufzubauen. War
dieser Prozess zu kurz oder gar nicht möglich, sah man das als
Gefahr für die innige Beziehung zwischen Mutter und Kind.

Bei vielen Müttern lösten diese Veröffentlichungen Druck
aus. Die Sorge, etwas falsch zu machen, war groß: »Vielleicht
fühle ich gar nicht sofort genug Liebe?« – »Ich konnte mein
Kind nach der Geburt nicht auf den Arm nehmen – was nun?

Ist es jetzt zu spät für eine gute Mutter-Kind-Beziehung?« oder »Habe ich heute schon genug gebondet?«. Vor lauter Bonding-Fieber ging fast das Gefühl verloren.

Aber Entwarnung, alles zurück auf null! Wir erfahren heute, was uns vorher auch schon bewusst war: Die Beziehung zwischen Eltern und Kind ist ein natürlicher Prozess, der ganz von selbst entsteht und so viel Zeit in Anspruch nehmen darf, wie er eben braucht. Kann ein Baby aus medizinischen Gründen nicht sofort bei der Mutter liegen oder haben die Eltern ein Kind adoptiert, dann entwickelt sich trotzdem eine ebenso liebevolle Beziehung wie bei anderen.

Meine Cousine brauchte beispielsweise etwas länger, bis sie verinnerlicht hatte, dass sie nun nicht mehr zu zweit, sondern eine Familie sind: Die beiden Zwillinge kamen ihr eine ganze Weile so fremd vor. Es dauerte einfach ein wenig, bis sie miteinander richtig vertraut wurden. Eine Freundin wiederum war beim ersten Anblick ihres Babys im Brutkasten augenblicklich schwer verknallt.

Ich selber war mal begeistert, mal entgeistert – und schließlich tastete ich mich Schritt für Schritt mit stündlich wechselnden Emotionen von empathischer Liebe bis zu vollkommener Erschöpfung an das neue Lebensgefühl. Aber während all dieser vielen Gefühlswahrnehmungen entsteht genau eines: eine Beziehung.

Im Krankenhaus ist es ganz nützlich, wenn wir das Thema Bonding aufbringen: Unser Baby darf nach der Geburt nicht ungefragt aus unserem Sichtfeld verschwinden, um mal eben untersucht zu werden, wie es auch heute noch passieren kann. Mama bestimmt, ob das gerade geht und ob sie das will – denn vielleicht bonden wir gerade!

Eine zärtliche Beziehung sobald es geht, Nähe, wann immer sie möglich ist, und wenn es nicht gleich ging, dann später durch gemeinsames Baden, Kuscheln, Im-Arm-Halten – all das bringt uns mit unseren Kindern liebevoll zusammen, ganz egal zu welchem Zeitpunkt. Und unabhängig davon, wie die erste Phase nach der Geburt verlaufen ist.

Gurus in der Krabbelgruppe

Krabbelgruppen, Kurse jeder Art und Spielplätze sind wunderbare Erfindungen für den Alltag und zugleich herrliche Bühnen für brilliante Selbstdarstellungen der dort versammelten Mamas und Papas: Sämtliche Überzeugungen können hier effektvoll vorgeführt werden.

»Man soll jetzt immer ...«, »Ich habe gelesen, dass ...«, »Da hilft nur ...« – so werden manche Thesen beiläufig eingeführt.

»Was? Du stillst noch?« oder »Oje, du stillst nicht mehr?« und »Wie bitte, du stillst schon wieder?« sind Sätze, die verdeutlichen, was die Sprecherin gerade für sinnvoll hält. Aber: Es ist nicht so schlimm, wie es sich manchmal anhört. Es ist nur ein Spiel. Kein ernstes, sondern eins, dem wir mit einem ausdrucksstarken Schmunzeln begegnen können.

Manchmal erwische ich mich selbst mittendrin und höre, wie ich mit leuchtenden Augen in die Runde rufe: »Übrigens, Leute, dank dieses köstlichen Vitamin-Sirups hier ist Lea seit mehr als einem halben Jahr gesund!« (Es sind zwar nur drei Wochen seit der letzten Krankheitswelle vergangen, aber das habe ich gerade vor Begeisterung vergessen.) Nicht lange darauf irritiert Lea mich durch ihre schnupfige Nase. Husten tut sie auch noch! Scheint doch nicht so gut zu funktionieren mit diesem Zaubertrank. Und schmecken tut er ihr auch nicht. Ich hab mich von der Werbung wohl ein bisschen täuschen lassen...

Wie auch immer: Dieses Spiel ist nur ein Teil der Kommunikation, die es in jeder Gruppe wohl so gibt. Wenn es uns gelingt, nicht alle hier vorgetragenen »Weisheiten« bierernst zu nehmen, können wir es uns dort trotzdem gut gehen lassen und uns interessante Unterhaltungen, spannenden Austausch, neue Bekannte, hilfreiche Unterstützung und den Anblick fast immer gut gelaunter Kinder gönnen.

Spielplatz der Meinungen

Meinungsaustausch zum Thema Kinder ist unter Erwachsenen – ob mit oder ohne Kinder – vielfältig und beliebt. Manchmal werden die Ansichten ein bisschen eigensinnig oder dogmatisch geäußert. Das liegt vielleicht daran, dass alle bemüht sind, das Richtige zu tun, und sich umso sicherer fühlen, je besser sie überzeugen konnten. Aber keine Sorge, so sind nicht nur Eltern, genauso sind auch Computerfreaks (Apple oder PC, was ist besser?), politisch Engagierte, Tierbesitzer (Hund oder Katze?), Ernährungsbewusste (Bio oder G'spritztes?), Ärzte (klassische Medizin oder Naturheilkunde?), Fußballfans (Hertha BSC oder Dynamo Dresden?), Frauen und Männer (wer von beiden sind die besseren Menschen?), ja, ganze Generationen streiten begeistert seit Jahrhunderten über alle Themen miteinander... So sind wir Menschen nun mal.

Hier ein paar sich herrlich widersprechende Tipps rund ums Babydasein zum Schmunzeln und mit deinen eigenen Erfahrungen Vergleichen:

• Vorbeugen ist wichtig: Zieh dein Kind warm an!/Abhärten ist notwendig: Zieh alles aus!

- Stillen ist das einzig Wahre./Fläschchen ist am besten.
- Hauptsache, du verwöhnst nicht zu sehr!/Hauptsache, du bist nicht zu streng!
- Konsequent sein ist wichtig./Flexibel auf die Situation eingehen ist wichtig.
- Impfen ist lebenswichtig und verantwortungsvoll./Impfen ist lebensgefährlich und nur ein Diktat der Impfstoffindustrie.
- Kinderkurse fördern die Intelligenz./Kinderkurse überfordern.
- Täglich baden ist gesund./Selten baden ist besser für die Haut.
- Fluoretten und Vitamin D müssen sein./Das Zeug hab ich ganz vergessen, finde es auch nicht wichtig.

Allgemeingültige Regeln und ideale Methoden gibt es nicht. Jedes Kind, jede Mutter und jeder Vater sind Individuen mit eigenen, manchmal unvorhersehbaren und zudem noch sich wandelnden Bedürfnissen. Und jede Familie hat andere Prioritäten, Werte und Leitgedanken. Leider, denn sonst wäre alles ja ganz leicht. Oder zum Glück, denn: Würden wir auf alle Meinungen hören, wäre unser Leben ein vollkommenes Durcheinander. Die Vielfalt zeigt lediglich, wie unterschiedlich wir sind. Dein Weg äußert sich in deinem persönlichen Wohlbefinden. Und unterwegs wirst du immer wieder Feinjustierungen an der Richtung vornehmen. Ganz so, wie das dieser wunderbar lebendige Prozess, den wir Leben nennen, erfordert.

Es ist möglich, sich in diesem Wirrwarr zu orientieren: Höre auf die eigene Stimme. Achte auf deinen Menschenverstand (zugegeben, bei mir hält der sich gerne versteckt!) und dein Bauchgefühl (mein Bauch ist da, aber wo ist mein Gefühl?) und genieße nebenbei die Tipps anderer, wenn dir danach ist. »Vielleicht probiere ich das auch. Vielleicht lass ich es aber auch bleiben, mal sehen.«

Das gilt auch für unsere eigenen Ratschläge: Erzählen wir von unseren Erfahrungen, egal ob es sich um wunderschöne, um ärgerliche oder traurige Momente handelt, können wir andere bestimmt damit unterstützen. Vor allem, wenn wir ehrlich und undogmatisch sind. Dazu gehört auch, dass wir uns selbst daran erinnern, dass unsere Tricks und Tipps manchmal gut klappen, in einer anderen Phase aber wieder überhaupt nicht mehr.

 Zuhören genügt

Da sich immer alles ändert, ändern sich natürlich auch die Weisheiten. Die, die andere dir verkünden, aber auch die, die du selbst gefunden zu haben glaubst. Es tut uns allen gut, wenn wir uns erst mal zuhören und das Gehörte nicht sofort bewerten. Das ist angenehmer als ein wissenschaftlich untermauerter Vortrag über die beste Methode.

Offen für überraschende Lösungen

Unsere Sehnsucht nach ganz und gar objektiven, absolut sicheren Tipps hat viel mit unseren Wünschen und Erwartungen zu tun. Das bekannte »wenn – dann« lockt uns so manches Mal in eine Falle. Wenn Lea einen Schnuller nähme, dann schliefe sie besser – und ich auch! Wenn Felix seinen Schnuller wiederum endlich abgäbe, dann müsste ich mir keine Sorgen mehr um seine Zähne machen! Würde ich Laura nicht mehr stillen, könnte ich endlich nächtelang Cocktails trinken. Überhaupt: Wenn ich erst mal richtige Tanzschuhe habe, kann ich auch viel besser tanzen! Wenn ich wieder jogge, kann ich beim Marathon teilnehmen. Und wenn ich dann gut aussehe, wären die Leute viel netter.

Schön wär's, aber ist es auch immer wahr? Aus so manchen vagen Ideen wird eine feste Erwartung. Und feste Erwartungen sind so ziemlich das, wo alle Menschenwesen aufhören mitzumachen. Kinder haben keinen Spaß mehr und streiken, im schlimmsten Fall blockiert man sich damit sogar selber. Denn das klingt nicht nach Lebensfreude und fühlt sich nicht gut an. Im Gegenteil: Da stimmt oft was nicht. Die ganze Idee stimmt sogar oft nicht. Lea nimmt dann vielleicht doch einen Schnuller, aber nun lässt sie ihn auch nicht mehr los – ein neues Problem. Felix gibt seinen Schnuller nicht ab, seine Zähne sind trotzdem in Ordnung, stattdessen treibt mich seine neue Trotzphase in den Wahnsinn …

Stillen mit Lea ist auch etwas Besonderes, da könnte ich noch etwas abwarten und unser Zusammensein genießen, denn die Zeit des Cocktailtrinkens wird ohnehin bald kommen. Die Tanzschuhe sehen übrigens super aus, aber mit mir obendran sind sie total peinlich. Gold! Was habe ich mir bloß dabei gedacht? Na ja, ich tanz dann doch lieber in meinen alten, mit denen fühle ich mich nämlich wohl. Und beim Marathon werde ich nun leider doch nicht gewinnen: Gestern habe ich mir den Fuß verknackst. Und jetzt habe ich mich also wunderschön gemacht für die Welt und was ist? Niemand ist netter als sonst, na so was! Das macht aber nichts: Ich bin nämlich auch so sehr stolz auf meine kleine Verwandlung nach zwei Jahren »Babypause«. Auch wenn das Wörtchen »Pause« in diesem Fall eine klitzekleine Verniedlichung von »Zwei-Jahre-vierundzwanzig-Stunden-Baby-Bereitschafts-dienst-ohne-Urlaub« ist.

Wir können alle unsere Erwartungen überprüfen: Fühlen sich unsere Vorstellung wirklich gut an? Sind sie wirklich so vielversprechend oder setzen sie uns unter Druck?

Oft sind diese Projektionen sogar Ablenkungen von etwas anderem, von Bedürfnissen und Sehnsüchten. Herauszufinden, was wirklich los ist, ist die Aufgabe dahinter. (Auf diese Suche begeben wir uns im Kapitel »Herzenswünsche«).

Meistens sind es ganz andere Wege, die zu Lösungen führen. Unerwartete Wendungen, veränderte Perspektiven, neue Anregungen von außen. Wenn wir den geplanten Weg auch mal über Bord werfen und in Ruhe Ausschau nach anderen Möglichkeiten halten, können wir uns oft über unerwartete, vielleicht sogar ganz einfache Lösungen freuen.

Endlich wieder schlafen?

So war es zum Beispiel mit dem nächtlichen Aufwachen in der Babyphase von Felix: Jede Nacht wollte er etwas trinken. Ich blieb danach immer länger wach. »Würde er mich jetzt gleich wieder wecken? Wie oft wohl noch in dieser Nacht? Halte ich das aus, ohne am morgigen Tag vollkommen übermüdet zu sein?« – diese Fragen begannen ein munteres Eigenleben in meinem nach Schlaf dürstenden Kopf zu führen. Per E-Mail wandte ich mich an eine Beratungsstelle: Die freundliche Beraterin antwortete, dass sie mir leider nicht helfen könne, denn bis heute wache ihr Sohn nachts auf, um zu trinken, inzwischen nähme er sich den Becher allerdings selber. Oh, war ich enttäuscht. Mit einer glitzernden Zauberformel hatte ich gerechnet, auf die ich nur noch nicht gekommen war.

Tatsächlich erwies sich genau diese Mail als ein Zaubertrick: Durch die unverrückbare Gegebenheit, durch dieses »So ist es nun mal jetzt – und so wird es vielleicht auch noch ein Weilchen bleiben« gewöhnte ich mich nach und nach an das häufige nächtliche Aufwachen, ich kämpfte nicht mehr dagegen an und schlief immer rascher wieder ein. So ist es auch noch heute. Nicht das Kind hat sich verändert, ich habe mich geändert.

Endlich windelfrei?

Ganz ähnlich war es auch für meine Bekannte Dorothea, die nicht länger damit warten konnte, dass ihre Tochter Clea

»endlich sauber ist«. Ihre Versuche, Clea mit Süßem und Saurem (Letzteres war ihre gereizte Laune) dazu zu bewegen, endlich aufs Töpfchen zu gehen, scheiterten und endeten in Tränen an allen Fronten. Als Dorothea schließlich erfuhr, dass kleine Kinder nur durch einen individuellen körperlichen Entwicklungsprozess reif genug sind, um ihren Stuhlgang irgendwann selbst zu steuern, ließ sie von ihrem Drängen und Fordern ab. Das erleichterte beiden den täglichen Umgang miteinander.

Vieles lässt sich einfach nicht erzwingen. Genauer betrachtet sogar gar nichts. Diese Erfahrung erlöste Dorothea von einigen festgefahrenen Vorstellungen und so manchen fixen Ideen, die sie wie so viele so störend belästigten.

Eines Tages sagte die kleine Clea ganz unerwartet: »Heute will ich keine Windeln mehr.« Es geschah also von selbst. Beide haben sich riesig über den großen Entwicklungsschritt gefreut. Vor allem war die Mutter davon begeistert, dass Clea, so wie alle Kinder, selbst genau spürte, wann sie mit ihrem Körper für diesen neuen Schritt bereit ist.

 Ich wünsche mir ...

Sage dir versuchsweise »Ich wünsche mir, dass ...« anstatt »Ich will ...« und beobachte, wie sich das anfühlt. Vielleicht ja ganz erleichternd und angenehm?

Schön, wenn es klappt mit unseren Wünschen, aber es muss nicht unbedingt sein.

Wer bin ich heute?

Wir glauben, uns gehe es am besten, wenn wir ein möglichst gutes oder gar beeindruckendes Bild von uns selbst haben. Dieses eine Bild von uns zu zeichnen und täglich unter Beweis stellen zu müssen, ist jedoch ein äußerst anstrengendes Unterfangen.

Wie viel Energie das kosten kann, wissen wir zum Beispiel vom Bewerbungsgespräch, bei dem die Selbstdarstellung auf Hochtouren läuft. Oder vom Besuch bei der Schwiegermutter – Situationen, in denen wir uns von der allerbesten Seite zeigen müssen. (Natürlich nicht bei meiner eigenen – liebe Gunhild, das weißt du ja! Ich habe nun mal nur diese glanzvolle Seite, die ich gerne zum Besten gebe.)

Wo war ich stehen geblieben?

Dieses Bild, das wir immer wieder von uns entwerfen und von da an versuchen, aufrechtzuerhalten, ist nicht besonders stabil, auch wenn es vielleicht ein ganz wunderbares ist, das auf ewig so bleiben soll. Denn wir sind immer im Wandel.

Und anstrengend ist es zudem auch noch, manchmal für die anderen, meistens für uns selbst. Macht uns fremd vor unseren Kindern und vor uns. Denn wenn wir versuchen, einem einzigen Entwurf unserer selbst dauerhaft zu gleichen, und dabei nicht merken, dass wir täglich anders sind, drängen wir unser Wesen in eine viel zu enge Form. Da bleibt womöglich vor lauter Anpassung an unsere Rolle kein Platz für den offenen Blick auf unsere Kinder. Da kann es passieren, dass wir unsere Kinder ganz »übersehen« und nur noch damit beschäftigt sind, ob alles so ist, wie es unserem Selbstbild entspricht. Manchmal sind wir dann so verstrickt in diese Vorstellungen, dass wir das normale Schwanken zwischen guten und schlechten Tagen nicht annehmen wollen. »Was, ich bin heute krank und traurig? Das gibt's doch gar nicht!«

Da ist es schön zu spüren, wie es uns und unseren Kindern geht, indem wir uns nicht mit dieser Projektion verzetteln, sondern uns einfach »wir selbst« sein lassen: Von diesem »Jetzt bin ich hier« aus lässt sich die Welt um uns mit unseren Kindern unverfälscht erleben.

Dabei können wir uns selbst, so wie wir sind, voller Selbstvertrauen betrachten: An unserem ganzheitlichen Wesen gibt es nämlich nichts auszusetzen.

»Soso, hier spaziert also eine mit schlechter Laune«, registrierte ich neulich bei einer Wanderung mit der Familie. Lange hatte ich mich auf den Ausflug gefreut. Stundenlang hatte ich zu Hause davon gesprochen, wie schön die Natur ist und dass wir endlich mal raus ins Grüne fahren müssten. Und nun stiefelte ich missmutig nebenher. Der Grund? Unbekannt.

Eine mir neue Stimme aus meinem Inneren murmelte: »So fühlt sich das also an: missmutig sein. Na, mal sehen, wie sich die hoffentlich etwas Bessergestimmte morgen so macht.«

Dies war ein völlig neues Erlebnis: einfach gelassen zu registrieren und nicht weiter zu grübeln, woran die unerklärliche Nachdenklichkeit genau liegt, was gerade nicht stimmt und vor allem, wie ich möglichst blitzschnell wieder die gut gelaunte Mama für meine Kinder bin. Die vielen festen Vorstellungen mal nicht ganz so ernst zu nehmen wie gewohnt, kann das ganze Lebensgefühl ändern.

In vielen Philosophien der Erde gibt es die Vorstellung von einem urteilsfreien Selbst in uns, das nicht schwankt wie unsere Stimmungen, sondern nur beobachtet und dabei das Leben erfährt, während die Facetten und Launen eines turbulenten Ichs von Minute zu Minute eine neue Rolle annehmen. Dieses Selbst sollten wir mal näher kennenlernen. Wo kann man es denn treffen? Mit der Praxis der Achtsamkeit werden wir es finden – im Kapitel »Mit allen Sinnen im Hier und Jetzt« gibt es dafür Anregungen.

Anstelle eines einzigen Wunschbildes dürfen viele Bilder von uns existieren, die alle ihren Platz in unserem Leben haben und jederzeit wieder locker ausgetauscht werden dürfen, wenn sie uns nicht gefallen: Rollen, Varianten, Ideen, Wünsche, mit denen wir spielen können. Dafür sind sie da! Eine tolle Mama-Version, eine strenge, und auch die liebevolle Mama, die genervte und hysterische, heute sexy – morgen in der ollen Jogginghose, die mit dem Bohrer und die mit der Schürze, die Verspielte, die Erwachsene, die Von-der-Arbeit-Kommende-im-Bus, die Geheimnisvolle in Schwarz und die Sonnige im Sommerkleid – sie alle dürfen dabei sein! Wir können entdecken, wie viele Seiten wir haben. Jede macht einen Teil unserer Persönlichkeit aus.

Auch die, die da ist, wenn alle anderen Rollen wie Wolken verschwinden durften: du selbst!

Dann können wir auch mal alle Bilder sausen lassen und nur nachsehen, wie wir uns gerade fühlen. Genau in diesen Momenten können wir spüren, wer wir eigentlich sind. Wir sind uns unserer selbst bewusst.

Kleiner Kurs fürs Selbstbewusstsein

Einatmen – ausatmen.

Gut gemacht!

So. Jetzt zu dir.

Du bist: mutig, ängstlich, klein, groß, locker, angespannt, stark, schwach, frei, verstrickt, verankert, flügge, weise (ja, gerne), naiv, alt, jung, allwissend, ratlos, fantasievoll, müde, rücksichtsvoll und rücksichtslos, heute so und morgen so.

Zusammengefasst:

Ich bin ich.

Hurra, ich bin!

So schön normal

Unsere Kinder geben uns die ideale Chance, ganz und gar unperfekt und frei zu sein. Anders als in der Begegnung mit Erwachsenen dürfen wir hier drauflosplaudern, kuscheln (wenn auch ihnen danach ist), über Zäune klettern und überhaupt: uns auch mal danebenbenehmen. Mit Kindern heben ein paar ulkige Missgeschicke eher noch die Stimmung und sind nicht peinlich – wie schön.

Mit unseren Kindern können wir immer wieder ganz wir selbst sein. Unverstellt, verspielt, laut oder leise, den Augenblick genießend.

Vertraue dir

Wie schön: Wir sind gut aufgehoben. Wir sind mit unserem Kind auf dem richtigen Weg. Und auch wenn es zwischendurch recht abenteuerlich zugeht – wir sind voller Zuversicht für unser Kind und seine Entwicklung. Gut, wenn wir von diesem Grundgefühl begleitet werden. So begegnen wir auch den stürmischen Phasen des Elternseins ganz stabil.

Ist mir dieses Gefühl zwischendurch abhandengekommen, dann fühlt sich das Wiederbeleben ein bisschen wie das Üben des recht aufregenden Kopfstands beim Yoga an. Der umgekehrte Blick auf die Welt erscheint mir äußerst riskant. Hilfe, ich schwanke auch noch so stark hin und her. Die größte Sorge macht natürlich die Balance: Wenn ich jetzt umfalle, breche ich mir bestimmt den Rücken – schade eigentlich! Ein Dutzend Kissen dient als Fallschutz, prompt kippe ich auch hintenüber. Wie ist das, wenn man umfällt? Beim ersten Mal bekomme ich einen Schreck, beim zehnten Mal merke ich: Gut ist es, der Boden fängt uns auf.

Kinder machen mutig

Wenn wir fallen, dann überleben wir das – und stehen wieder auf. Sich darauf zu verlassen, das ist Vertrauen. Und wenn mein Kind mal umkippt, dann kann ich ihm beim Aufstehen helfen. Oft sind Kinder dabei viel flinker! Sie sind es auch, die sich voller Vertrauen aus Einschränkungen lösen können. Sie belehren uns eines Besseren: Mir nichts, dir nichts macht David einen Kopfstand und lässt sich fröhlich polternd in einen Purzelbaum fallen, bevor wir überhaupt zu Hilfe eilen konnten. Marlene klettert behände zur Spitze eines Baumes. Staunend sehen wir ihr nach, wie sie da oben verschwindet und »Seeräuber Opa Fabian« singt. Mit etwas unsicherer Stimme wispern wir ein »Ganz toll, wie du das machst« in die Höhe. Egal, Marlene ist sowieso ganz selbstsicher in den Wipfeln. Der vierjährige Liam schnappt sich das Obstmesser und schnippelt wundfrei und begeistert eine Karotte in Stücke. Im besten Fall zittern wir unauffällig mit und sind stolz. Wir können ihnen einiges abgucken, wenn wir sie nicht zurückhalten, sondern mitmachen. Denn tatsächlich ist es so: Unsere Kinder können uns helfen, mutiger zu werden und Ängste zu überwinden.

 Schönes bewahren

Schreibe in dein schönstes Notizbuch, was du Erfreuliches und Angenehmes erlebt hast, und auch, was du inzwischen Tolles erreicht hast. Die Geburt deines Kindes gehört natürlich dazu.

Ein kleiner Satz, ein Stichwort reichen vollkommen aus. Du wirst sehen: Schon der Anblick des Buches macht gute Laune und schenkt Vertrauen, denn dort steht es schwarz auf weiß: Da lief schon vieles gut!

Wenn Sorgen dabei so sehr im Vordergrund stehen, dass sie uns und unseren Kindern die Freude an der eigenen Lebenserfahrung nehmen, ist es an der Zeit, uns damit zu beschäftigen. Denn Ängste sollen uns helfen, Gefahren im richtigen Moment zu erkennen und zu vermeiden, nicht jedoch, uns oder andere zu begrenzen. Und auch nicht, unserem Kind in seinem Können oder uns selbst in unseren Fähigkeiten zu wenig zuzutrauen. Schließlich wollen wir unseren Kindern das Vertrauen vermitteln, das wir selber ins Leben haben.

Meine Ängste und ich

Bei manchen Eltern hören wir zuweilen schmunzelnd zu, wenn sie von ihren Sorgen berichten. Wir finden einiges vielleicht sogar übertrieben. Dabei übersehen wir manchmal unsere eigenen Einschränkungen. Tatsächlich hat jeder Mensch seine ganz eigene Spezialität zum Thema »Meine Ängste und ich« dabei. Vielleicht ist es sogar so: Je mehr wir uns distanzieren, indem wir uns über andere erheben, umso eindringlicher verbergen sich dahinter eigene, nur andere Ängste. In deren Verdrängung sind wir nämlich sehr erfindungsreich. Erstaunlich, was da bei uns manchmal zutage kommt. Vielleicht finden wir manche unserer Befürchtungen schräg oder peinlich? Das sind sie nicht: Sie sind menschlich, genau wie die aller anderen. Wir können drüber schmunzeln, denn wir wissen ja: Andere haben auch solche Sorgen.

Sie mit der Zeit zu besänftigen, tut uns und unseren Kindern gut. Und sie müssen auch nicht – abrakadabra – auf einmal weggezaubert werden. Wir sollten uns jedoch die Chance zur Veränderung, zu Wachstum geben und dem Gefühl von Vertrauen einen ganz großen Platz in unserem Leben einräumen. Eine Anregung dafür ist diese Übung:

Zuversicht auf Rezept

Geht dir durch den Kopf: »Das schaffe ich nie in der kurzen Zeit!«, ersetze es durch: »Das kriege ich schon hin.«

Geht dir manchmal durch den Kopf: »Oh Gott, das bleibt jetzt sicher für immer so furchtbar!«, mache dir deutlich: »Das wird sich schon bald ändern.«

Genau so lassen sich alle anderen sorgenvollen Gedanken durch einen positiven und realeren Leitsatz neutralisieren. Die Lage entspannt sich augenblicklich und du hast die nötige Energie, mit der Situation angemessen umzugehen.

(inspiriert durch Thomas Hohensee, Coach und Autor*)

Vertrauen ist gut, Kontrolle nicht möglich

Ob es der erste Kitabesuch ist oder die erste Schulwoche unseres Kindes, das späte Nachhausekommen der Vierzehnjährigen oder der unbekannte Freund unseres Sohnes – alles dreht sich um das Gefühl »meinem Kind soll nichts passieren«.

Dürfen wir es wagen, eine Situation nicht immer steuern zu können? Ja, das dürfen wir. Wir geben unseren Kindern Rückhalt und so viel Geborgenheit, wie es uns möglich ist. Und dabei können wir uns immer wieder zurücklehnen und sagen: Ja, das wird gut gehen. Wir passen sowieso auf, so gut wir können – jeder von uns auf seine Weise. Alles zu kontrollieren, das ist jedoch nicht möglich. Behalten wir also die Augen offen, aber klammern wir uns nicht an Vorstellungen fest, was schiefgehen könnte. Wir haben im Grunde gar keine andere Wahl. Wir können unseren Kindern den idealen Weg bereiten, sie in eine gute Schule schicken und versuchen, sie von allen Dingen fernzuhalten, die wir schädlich finden: Das ist gut, hilfreich, wichtig; wir geben ihnen damit beste Voraussetzungen, wenn wir nicht übertreiben und ihre eigenen Persönlichkeiten dabei nicht übersehen.

Und trotzdem werden unsere Kinder ihren eigenen Weg gehen. Je mehr wir ihnen dabei vertrauen, umso größer ist die Wahrscheinlichkeit, dass wir die Verbindung zu ihnen behalten und sie sich gerne an uns orientieren wollen. Vertrauen heißt, unsere Kinder so frei zu lassen wie möglich und ihnen voll und ganz das Gefühl zu geben, dass wir von ihnen überzeugt sind. Und wenn sie einen vollkommen anderen Weg einschlagen, so ist das ihre Entscheidung – wir haben es nicht unter Kontrolle und wir tragen auch nicht die ganze Verantwortung für alles, was geschieht. Das können wir gar nicht. Das ist einerseits besorgniserregend, denn wir wünschen uns nichts mehr, als dass es unseren Kindern gut geht, andererseits ist es eine enorme Entlastung. Lassen wir alles mit Vertrauen auf uns zukommen.

Dolce Vita statt Masterplan

Manchmal gerate ich außer mir, wenn nicht alles genau so läuft, wie ich es mir in leuchtenden Farben ausmale. »Leute, es ist Sonntag, wir wollten heute rausfahren! Aber was ist? Ihr sitzt hier immer noch rum! Wegen euch bekomme ich einen totalen Wohnungskollaps«, kann man mich so manchen Sonntag hören. Aber: Warum nicht einfach den Plan »Jetzt müssen wir aber sofort raus!« sausen lassen? Den Fluss der Zeit genießen, in der Wohnung rumhängen! Mich dem Tag vertrauensvoll überlassen und sehen, was spontan passiert!

Was für eine Sorge wird eigentlich aktiviert, wenn alles nicht genau so läuft, wie wir es uns gedacht haben? Es scheint mehr zu sein als ein fehlendes Quäntchen Flexibilität, denn plötzlich steht alles auf dem Spiel: die Stimmung, der Tag, ja, das ganze Lebensgefühl …

In meinem Fall »der Ausflugsplan« sind es sogar viele Befürchtungen auf einmal: Die Kinder mischen womöglich die Wohnung mal wieder so richtig auf und sorgen dafür, dass Mama auch am Wochenende hinterherräumen muss. Nicht, weil sie einen Putzfimmel hat, sondern weil sie sich in einer ansatzweise übersichtlichen Wohnung nun mal wohler fühlt.

Nächste Befürchtung: Der eine von den zwei Großen hier liest gemütlich Zeitung auf dem Sofa, die andere ist zuständig für Mittagessen, Bespaßen, Wickeln & Co. Dann lieber raus und zusammen Pommes essen!

Die Zeit fließen lassen, wie geht das überhaupt? Keinen Plan haben, schön und gut – was macht man dann stattdessen!? Sich einfach darauf verlassen, dass dies ein schöner Tag wird, ganz ohne Programm – ist das möglich?

Eines Tages passierte es ganz von selbst: Ich bin – mehr aus Versehen als beabsichtigt – einfach im Bett geblieben. Hing dort herum, schlurfte zum Frühstücken einmal um den Küchentisch, schnappte mir ein leckeres Croissant (hat der angeblich nur zeitungslesende Papa herbeigezaubert) und verschwand wieder im Schlafzimmer. Die Kinder fegten mit sämtlichen Spielsachen durch alle Räume – mir war's egal. Erst um fünf Uhr nachmittags fiel mir auf, dass wir gar nicht rausgegangen sind. Und die Wohnung war auf den Kopf gestellt. Na und, macht nichts. – Na und, macht nichts?! Es ist eine Mordsarbeit, das alles wieder aufzuräumen, und Spaß macht es auch nicht … Nein, so schlimm war es gar nicht: Papa ging mit den Kindern Eis essen und Mama, immer noch im Bademantel, brachte in aller Ruhe die Wohnung in ihren mittelmäßigen Ursprungszustand. Im Hintergrund die lange nicht gehörten Lieblingssongs. Es war ein wunderbarer Tag. Nicht nur für mich. Auch die anderen waren froh, dass Mama endlich mal nicht fanatisch das Wort »rausgehen« wiederholt und dabei auch noch ganz entspannt ist. Konnte man sich sogar ab und zu danebenlegen und unter der Bettdecke mit ihr Gespenst spielen…

So einen Hängematten-Tag lässig zu wiederholen, ist gar nicht so einfach, aber es ist verdammt gut zu wissen: Zu Hause ist es auch schön – nicht immerzu, aber ziemlich oft.

Genauso verhält es sich auch mit anderen festen Plänen, die wir haben. Uns ab und zu treiben zu lassen und sie nicht so wichtig zu nehmen – denn das sind sie meistens nicht –, wirkt ungemein befreiend.

 Vertrauen spüren

Liege angenehm auf dem Rücken.

Spürst du den Boden?

Du wirst getragen.

Vertraue der Welt, sie hält dich geborgen.

Du kannst dich ganz und gar sein lassen.

Auf dieser Basis können wir uns umschauen und bei der nächsten Gelegenheit kleine und größere Schritte in Richtung Neuland machen. Dinge ausprobieren, die wir uns eigentlich nicht so recht zutrauen, aber gerne wollen. So wie beim Kopfstand können wir auch unsere Sorgen um unsere Kinder Schritt für Schritt besänftigen und Vertrauen aufbauen.

Probier's mal mit Geduld

Na, das klingt ja vielleicht wunderbar: Geduld bewahren. Wenn's weiter nichts ist! Menschen werden als personifizierte Ungeduld geboren: Hat ein Säugling Durst, dann braucht er was zu trinken – und zwar sofort! Und auch wenn es später nicht um etwas Lebensnotwendiges geht: Kinder wollen immer alles jetzt! Das bleibt erstaunlicherweise sogar oft im Erwachsenenalter noch so. Und jetzt sollen wir uns schön in Geduld üben? Klingt wenig verlockend! Von der Natur wurde uns diese Tugend jedenfalls nicht gerade in die Wiege gelegt, evolutionär gesehen sicherte Ungeduld sogar einstmals unser Überleben. Aber dieselbe Natur möchte dann irgendwann ganz offensichtlich, dass wir schließlich wirklich erwachsen werden und somit geduldig.

Denn wer Geduld hat, behält den Überblick und schont seine Nerven. Anstatt uns von den kindlichen Verhaltensweisen anstecken oder provozieren zu lassen, können wir darüber staunen. Wäre das nicht schön? Manchmal klappt das auch. Und dieses »manchmal« lässt uns zur Wiederholungstäterin werden. Geduld wird zum Bestandteil des Miteinanders.

Nun haben wir ja kürzlich festgestellt, dass wir gut sind, so, wie wir sind. Tobend, lachend, laut oder leise, geduldig oder ungeduldig. Und jetzt heißt es plötzlich: Geduldig sein ist wichtig? Ist das nicht ein Widerspruch? Nein, keine Sorge: Bleib, wie du bist. Es geht nur um eine kleine Zutat mehr. Probier es einfach aus. Ungeduldig kannst du trotzdem genügend bleiben. Denn wenn wir das tägliche Allerlei mit etwas mehr Geduld angehen und dabei merken, dass es guttut, ist es gar nicht so schwer, geduldiger zu sein. Man könnte sich sogar glatt daran gewöhnen, wäre man nicht so ungeduldig ...

Das Schöne ist: Wir können immer damit anfangen. In jeder schwierigen Phase können wir uns daran erinnern, dass es etwas gibt, das uns hilft. Und zwar mit absoluter Sicherheit. Wenn wir wissen, dass nun Geduld angesagt ist, schaffen wir Platz für Änderungen. Mit Geduld kommen wir auf die besten Ideen, mit Geduld überwinden wir die schlimmsten Phasen im Leben – und mit Geduld gehen diese vor allem schneller vorbei, weil wir uns aufs Geduldig-Sein und nicht auf das Verhalten des Kindes konzentrieren.

Geduld braucht man im Zehnerpack, wenn David einen nachts zehnmal aus dem Schlaf reißt, wenn man mit einer müden Marie in einer scheinbar endlosen Schlange steht, wenn Elias keine Lust zum Gitarre-Üben hat, wenn Helen an den Hausaufgaben verzweifelt, wenn man Probleme mit dem Partner hat, wenn man noch keine neue Arbeitsstelle findet ... einfach, wenn alles anders läuft, als man es will. Also eigentlich fast immer und fast überall.

Und Geduld ist ungemein wichtig. Für unseren eigenen Seelenfrieden und – haben wir sie erst mal als Handwerkszeug im Repertoire – weil unser Kind sie von uns abgucken und übernehmen kann. Es kann entspannter lernen, tüfteln, abwarten und leben. Geduld gibt ihm auch das nötige Selbstvertrauen: »Ja, ich schaff das schon, dauert nur noch ein kleines bisschen.«

Vorhin in der Drogerie erlebte ich so ein Beispiel: Ein kleines, etwa dreijähriges Mädchen wollte so ziemlich alles haben, was in der Drogerie erhältlich war. Es schrie wie am Spieß und wälzte sich auf dem Boden – die bekannte Szenerie. Seine Mutter blieb vollkommen ruhig (wie sie das schaffte, weiß ich nicht). Sie beachtete weder die anderen Kunden, die begannen, stehen zu bleiben und zuzusehen, noch beachtete sie das Kind. Sie legte stattdessen in aller Ruhe die Sachen in den Wagen, die sie einkaufen wollte. Sie wirkte dabei, als sei ihr schreiendes Kind das Normalste auf der Welt. Als die beiden etwas später aus dem Geschäft spazierten, unterhielten sie sich fröhlich. Ich staunte nicht schlecht! Natürlich war ich längst am Idealisieren und Vergleichen. Aber ich nahm das Gesehene auch als Anlass zur Nachahmung. Was ist ihre Zauberformel? Und wo kann man die kaufen?

Das geht! Man kann einfach ruhig bleiben! Und hinterher – wenn man es überstanden hat – dann ist man nicht mit den Nerven am Ende, verschwitzt und wütend. Man ist wahrscheinlich ein bisschen stolz und gut gestimmt, immerhin hat man eben einen Orkan unbeschadet überlebt. Und das ist ein richtig gutes Gefühl!

Geduld bedeutet also zunächst einmal nichts anderes als das Akzeptieren einer Situation, die wir vorher absolut nicht auszuhalten glaubten. Zum Beispiel: »Aha, mein Kind schreit hier im Laden. Ich lass es schreien …« Es kann ein anderer Blickwinkel sein, den wir einnehmen: »Davon geht die Welt

nicht unter. Ich kaufe jetzt in aller Ruhe ein.« Es kann eine unerwartete Lösung sein: »Ach, guck mal, da drüben sitzt deine
Freundin Mia, setzt dich doch dazu, bis ich fertig bin mit Einkaufen ...«, oder eine andere Planung: »Ich gehe ab jetzt lieber
ohne Kinder einkaufen.«

Geduldig sein – wie geht das?

Das fördert unsere Geduld: innehalten, bewusst ein- und ausatmen. Mehr braucht es eigentlich nicht.

Geduldiger sein, das bedeutet, gelassen zu bleiben und
sich nicht von den Stimmungen und Launen des Kindes (oder
auch des Partners, der Freunde, der Kollegen) zur Wut hin-
reißen zu lassen. Es bedeutet auch, konsequent zu bleiben
(aber nicht etwa konsequent inkonsequent, so wie ich), anstatt
außer Kontrolle zu geraten und haltlos draufloszuschimpfen.
Ums Schimpfen kommen wir wohl oft nicht drum herum –
aber schön wäre es doch, manchmal weniger zu schimpfen
und dabei weniger aus der Haut zu fahren.

Das bedeutet nicht, geduldig noch drei Stunden Lego zu
spielen, obwohl wir gleich aus dem Haus gehen wollen, oder
Geschichten vorzulesen, wenn in zehn Minuten der Zahnarzt-
termin ist. Es heißt, Stück für Stück mit genügend Zeit, ein
paar Tricks und ein bisschen Genuss weiterzukommen.

Alles braucht also Zeit und vielleicht noch eine Prise Spaß
bei der Sache, dann geht es Stück für Stück. Und das Kind
fühlt sich respektiert. Das ist ungewohnt, weil wir diesen
respektvollen Freiraum selbst vielleicht früher nicht so zu-
gestanden bekamen, und deshalb müssen wir es auch erst
üben.

Auf Dauer bringt die Rücksicht auf das unterschiedliche
Tempo von Kindern eine große Entspannung mit sich, auch

wenn Kinder oft selbst noch längst nicht in der Lage sind, umgekehrt ähnlich rücksichtsvoll und bedacht zu reagieren. Aber mit uns als Vorbild werden sie es nach und nach gewiss auch lernen.

Natürlich: Wenn etwas die eigenen Grenzen deutlich überschreitet, dann ist irgendwann nicht mehr Langmut, sondern klare Grenzverteidigung gefragt, damit man nicht untergeht oder überschäumt. Allerdings – nicht ganz leicht – sollten wir immer besser unterscheiden lernen zwischen unserer eigenen Ungeduld und einer Grenzüberschreitung unseres Kindes.

Wut, Ungeduld, sich nicht gut behandelt fühlen vom Kind – das sind so laute, schnelle, starke Emotionen, die überdecken die im Gegensatz hierzu etwas stillere Geduld in Windeseile. Eben noch die sanfte Ruhe selbst – schwupps – sind wir fahrig und gereizt.

Geduld mit dir selbst

Es ist eine ziemlich große Aufgabe, ruhig und bestimmt zu bleiben, während ein kleines Rumpelstilzchen uns gerade nach allen Regeln der Kunst in den Wahnsinn treibt. Kinder sind die größte Herausforderung, wenn es gilt, gefasst zu bleiben. Das Wesentliche ist dabei nicht, dass wir geduldig mit unserem Kind sind, sondern mit uns selbst. Wenn du eine überbordende Ungeduld in dir spürst, weil die Dinge nicht so laufen, wie du gerade möchtest: Sei geduldig mit dir.

Vielleicht bringt dich die Vorstellung in Raserei: »Ich muss Punkt neun beim Termin sein!« oder »Marlene müsste sich in dem Alter längst selbst anziehen können!« usw. Was wäre, wenn wir uns nicht von der Uhrzeit und von unseren Erwartungen antreiben lassen würden? Marlene wird sich irgendwann ganz alleine anziehen, das ist klar (und weiß der Himmel, was das dann für Klamotten sind). Vielleicht helfen wir jetzt noch ab und zu beim Anziehen und schenken uns dabei gegenseitig ein bisschen Aufmerksamkeit. Vielleicht freuen sich unsere Kinder über unsere Unterstützung und Nähe. Irgendwann können sie es womöglich kaum erwarten, aus dem Haus zu sein. Schön, dass sie jetzt noch gerne zu Hause sind.

Gibt es also vielleicht neue Möglichkeiten, um zusammen rechtzeitig loszugehen, ohne Druck und Ungeduld? Vielleicht finden wir etwas, das unsere Kinder freut, wenn sie sich selbst angezogen haben? Wir müssen sie nur auf den Geschmack bringen.

Das alles kann zum Beispiel behilflich sein, unsere Kinder anzuspornen: Wettkampfatmosphäre, eine versprochene Vorleserunde »danach«, Punktesystem oder Bonusheft: An die Wand wird ein Bild mit Kreisen gehängt (beliebt ist zum Beispiel eine Raupe aus Kugeln), bei jedem Erfolg bekommt das Kind einen Aufkleber auf eine Kugel. Ist alles beklebt, gibt's eine Überraschung. Notfalls: Süßigkeiten und andere Bestechungen (muss ja nicht zur Regel werden).

Wenn wir das Leben mit Kindern täglich mit etwas mehr Geduld angehen und dabei merken, wie gut es allen tut, gewöhnen wir uns glatt daran.

Ich weiß, ich weiß, geduldiger zu sein, das klappt nicht immer! Das muss es auch gar nicht. Wir vergessen es wieder – und üben es noch einmal. Und wenn es ab und zu klappt, wenn eine Stimmung entschärft, eine brenzlige Situation erleichtert werden kann, dann leuchten schon ein paar Freudenfunken mehr in den Augen unseres Kindes und in unseren eigenen. Und auf Dauer werden daraus ziemlich viele Funken, die das Leben schöner machen.

Humor – die verschmitzte Zauberformel

Mit deinem siebten Sinn für Humor fällt Geduld ein bisschen leichter, denn: Geduld ist, wenn man trotzdem lacht. Situationskomik findet sich auch in den schrägsten Augenblicken. Vielleicht erschließt sich die komische Seite einer hektischen Situation nicht gleich auf Anhieb, aber mit deinem Kind wirst du sie leichter entdecken.

Kinder tragen viel Lebensfreude und Witz in sich, sie warten nahezu auf jede Gelegenheit, Freude am Leben haben zu können:

- Kitzel deinen Kleinen, wenn es dir selbst nicht so gut geht.
- Pfeif deiner Kleinen was vor, wenn alles zu lange dauert.
- Überleg dir irgendeinen schönen Unsinn, wenn sie sich nicht anziehen wollen, und hab Geduld: Sie werden sich anziehen, sie schlafen ein, sie brauchen nur etwas Zeit. Ihre eigene Zeit nämlich.

Oje,
ich wachse!

Dass unser Baby immer größer wird, bemerken wir zweifellos von selbst. Aber was bestimmt untergeht bei all dem Trubel, ist etwas anderes: Wir wachsen mit! Wie eine Blume werden wir groß – und schön.

So? Der Blick in den Spiegel sagt gerade etwas anderes? Müde, augenberingt und sorgengefältelt? Das ist nur die eine Seite der Medaille – die andere, viel wichtigere ist: Du bist flexibel, fantasievoll und ideenreich. Du übernimmst eine Menge Verantwortung, ganz schön mutig.

Es findet etwas Erstaunliches und Besonderes in deinem Leben statt: ein inneres Wachstum, ausgelöst durch das kleine Menschenwesen, das es sich bei dir gemütlich eingerichtet hat. So wie dein Kind äußerlich wächst, so wächst du nämlich nach und nach innerlich an Erfahrung, an Liebe und du entwickelst neue Energien.

Wir können es tatsächlich so bildlich sehen: Ein Baby lernt laufen, ein Kind lernt schreiben, ein Jugendlicher lernt selbstständig werden, wir lernen Eltern sein.

Manchmal sind das die bekannten zwei Schritte vor und einer zurück. Dass wir dabei auch mal stolpern oder wieder neu anfangen, ist ganz natürlich. Und genau diese Schritte sind es, die uns schließlich stärken.

Der Genuss und zugleich auch die Herausforderung, am Großwerden unserer Kinder teilzuhaben, lieben und geliebt zu werden, staunen zu dürfen und viel lachen zu können, bringt Veränderungen und Wandlung mit sich. Und so beinhalten auch schwierige Momente wie explosive Trotzphasen, Krankheiten und Konflikte Entwicklungschancen. Möglicherweise bewirken sogar nur schwierige Situationen notwendige Veränderungen? Vielleicht geht es dir so wie mir: Erst wenn es richtig unbequem und unangenehm wird, fange ich an, mich überhaupt zu bewegen!

Mein Name ist Bond, Jane Bond ...

... und meine Mission zum Thema »Inneres Wachstum« lautet heute: nicht aufregen, nicht laut werden. Schon geht es los. Es klingelt, ich öffne die Tür: »Hallo, mein Großer, da bist du ja!« Felix kommt herein und schimpft ohne Vorwarnung: »Finde ich saufies, wenn ich nicht den Film bei Lenni noch weitersehen darf!« Wütend tritt er auf seine am Boden liegenden Klamotten. Nun gilt es, flink, geschickt und entwaffnend zu reagieren. »Weißt du was«, schlage ich vor: »wir machen jetzt was Tolles zusammen. Was hältst du von Spionspielen?« Felix stampft wortlos und schnaubend ins Badezimmer, klick-klack macht das Schloss. Na gut, ich sage jetzt mal eine Weile nichts. Inzwischen ist es spät geworden. Ich klopfe an die Tür. Felix ruft: »Gleich!« Ich sage also missionsgemäß: »Gut, in Ordnung ...«, denn wir sind ja offensichtlich einen Schritt aus der Angriffsphase gekommen.

Ich warte also. Und warte. Normalerweise wäre ich schon explodiert. Heute überlege ich bloß: »Ist das richtig, dass

Felix jetzt machen kann, was er will? Ist das jetzt ein besserer Weg?« Keine Antwort. Woher auch, ich bin im Neuland. Also warte ich noch ein bisschen. Dass einer so lange wartet bei »007«, das habe ich noch nicht erlebt. Aber die Minuten bei der Herstellung eines Films sind ja auch richtig teuer.

Schließlich kommt Felix aus dem Bad. Hat sich etwas beruhigt. »Liest du wenigstens was vor?«, mault er. Oje, das wollte ich heute eigentlich nicht. Habe doch ein wichtiges Date mit meinem Computer! Aber was soll's. Und überhaupt: Wir holen uns noch ein Dutzend Kuscheldecken, Kerzenschein kommt dazu und ich erhole mich ein bisschen mit den beiden. Mission impossible? Nix da, wir haben's geschafft. Ich schaffe es noch zur Spitzenagentin in Sachen »Familie ohne Kampfallüren« – und mein Team wird auch immer besser.

Wachstumsschmerzen

»Auch Erwachsene können Wachstumsschmerzen haben«, weiß Hannah Janßen, Psychologin und Leiterin der Friesenhörn-Nordsee-Kliniken für Mütter und Kinder. Wir Eltern wachsen, wenn nicht körperlich, so doch geistig – und das kann manchmal genauso wehtun wie die Wachstumsschmerzen beim Kind. Schmerzen, Kummer, Widerstände sind so manches Mal Zeichen einer seelischen Entwicklung. Kinder nehmen durch ihr Anders-als-wir-Sein, durch ihre eigene Denkweise und durch das Verfolgen ihrer eigenen Wege oft das ganze Sein der Eltern in Anspruch. Und sie müssen uns herausfordern, denn sie möchten an uns ihr eigenes Leben und ihre eigene Persönlichkeit erproben.

Mir scheint, wir sind gewissermaßen Dompteure wilder Tiger und zugleich zartbesaiteter Feenwesen. Wir müssen taktieren, welche Methode für welchen Moment geeignet ist, um ihre besten Seiten zum Ausdruck zu bringen. Kinder brauchen von uns sowohl Unterstützung und Beifall als auch unseren Widerstand. Neues wagen, Verbotenes ausprobieren, »mal gucken, was nun passiert!«.

Für uns Eltern kann das die reinste emotionale Achterbahn sein. Denn unsere Kinder decken bei diesen Prozessen unweigerlich auch unsere sonst gut verborgenen unzulänglichen Seiten auf. Sie konfrontieren uns mit Ungeduld, Aggression, mit Bedürftigkeit und auch mit unseren Ängsten. Zum Beispiel Ängsten vor Mangel an Anerkennung, vor Hilflosigkeit, vor Verlust. Und bei uns kommen erschreckende Seiten voller Gereiztheit, Wut oder Ungeduld zum Vorschein. Sie zeigen, dass unser Bedürfnis, unsere lieben Kleinen zu beschützen, manchmal so stark sein kann, dass es unser Kind an seiner Entwicklung behindert.

Unser Spiegelbild

Lea schreit gerade in vollster Lautstärke: »Mama, du sollst mir die Schokolade geben! Sonst reicht's mir!« Das soll sie etwa von mir haben!?

Moment, ich muss ihr mal eben antworten. »Lea, du sollst still sein! Ich schreibe gerade an einem Buch für Mamas. Also, Ruhe im Salon, sonst reicht's mir!«

Kinder sind ein Spiegel unseres Wesens, eine Reaktion auf unser Verhalten. Kinder konfrontieren uns andererseits auch mit unserem eigenen Bedürfnis nach Schutz, sollten wir selbst uns an der Seite unseres Kindes sicherer fühlen als alleine. So fühle ich mich manchmal auf der Straße an Leas und Felix' Hand: Zusammen sind wir geborgen, da kann uns nix passieren.

An manchen Problemen mit Kindern machen sich auch unsere eigenen verborgenen bemerkbar und werden im wahrsten Sinne lautstark. Während wir beim Partner daraus den Schluss ziehen könnten, das läge an ihm, notfalls passten wir leider nicht zusammen, bleiben unsere Kinder (in der Regel) sehr lange bei uns. Damit bleibt auch die Notwendigkeit zur Auseinandersetzung schön lange erhalten.

Apropos Auseinandersetzung: ein kleiner Blick in unsere Familie, als vergangenes Wochenende aus unserer Wohnung kurzerhand eine Art Ruine wurde. Ich stehe mittendrin und halte nachts lautstarke Reden zum Thema »Aufräumen ist nicht mein Lebensinhalt!«, während Felix und Lea rufen: »Doch, Mama, dohooch. Sonst würdest du ja was ganz anderes machen!« Ich habe verstanden: Sie erschaffen das Chaos, damit ich eine Lebensaufgabe habe.

Ob wir die Eltern-Kind-Konflikte als normal oder belastend erfahren, hängt sehr mit dem Empfinden von »Krise« ab. Und dabei schwankt das Empfinden auch noch, denn je nach Tages- und Gemütsverfassung kann ein und dasselbe Verhalten unseres Kindes von uns als lustig oder als unverschämt empfunden werden.

Kinder sind unsere Lehrer

Falls es Gurus geben sollte, dann sind es bestimmt unsere eigenen Kinder. Sie konfrontieren uns überaus wirksam mit unserer Persönlichkeit. Reagieren wir schnell wütend oder verletzt, wenn unser Kind uns nicht beachtet, oder bleiben wir gelassen? Muss unser Kind sofort tun, worum wir es gebeten haben? Sind wir enttäuscht, wenn das mitgebrachte Geschenk, das uns selbst so gefällt, bei ihm nicht gut ankommt?

Eigene Unsicherheiten werden sichtbar, wenn unser Kind nicht so reagiert, wie wir es zu brauchen meinen, und sie zeigen, an welchen Stellen wir selbst vielleicht noch nicht erwachsen sind, aber jetzt wachsen können. Hinter unserem kindlichen Verhalten verbirgt sich so manches Mal das eigene Bedürfnis nach Beachtung, Anerkennung und Zuwendung.

Auch wenn wir diese Mechanismen bei allen anderen gut beobachten können, bleiben uns die eigenen oft verborgen. Unseren Analyseblick können wir nun gelegentlich liebevoll auf uns selbst richten und staunen, wie schnell wir automatisch reagieren.

Vorsichtige Fragen können uns helfen, das zu verstehen: Was passiert gerade bei mir? Hat meine Reaktion noch etwas mit meinem Kind zu tun oder reagiere ich automatisch? Hängt manches meiner Reaktionen damit zusammen, dass ich mich selbst als Kind nicht genügend beachtet gefühlt habe, und nun geschieht mir das schon wieder? Konnte ich damals nicht meine Wut ausdrücken, aber jetzt lege ich mal so richtig los? Oder habe ich es genau so gelernt und wiederhole es nun?

Wir brauchen uns nicht akribisch daran zu erinnern, wann diese Reaktionen und Gefühle genau entstanden sind. Wir können uns stattdessen gestatten, die Emotionen, die dabei aufsteigen, wirklich zu spüren. Auf diesem Weg geschieht Veränderung. Das klingt zwar ein bisschen seltsam, aber wenn wir unangenehme Gefühle zulassen, anstatt sie zu bekämpfen, können wir erleben, wie sie erst entstehen, toben, schwächer werden, vergehen und sich sogar auflösen. »Unsere Bereitschaft, bedrängende Gefühle zu fühlen, bis sie vergangen sind, führt dazu, dass sie wegbrennen, fast wie Butter in einer heißen Bratpfanne«, meint der bekannte Psychologe Chuck Spezzano* dazu. Klingt nach einem guten Rezept.

Keine großen Metamorphosen, sondern kleine, unge-
wohnte, schöne Augenblicke geschehen dabei! Neue Herangehensweisen und Ideen sind nach einer Weile Anzeichen
von innerem Wachstum: die Dinge einmal anders probieren,
vielleicht etwas gelassener.

Was Eltern alles schaffen

Das können wir beobachten: Wir sammeln neue Erfahrungen, entdecken einiges über uns selbst und über unser Kind
und feiern immer wieder kleine Erfolge. Es ist nicht zu unter-
schätzen, was wir Eltern alles täglich schaffen – das dürfen
wir uns stets in Erinnerung rufen.

Bei mir würde das heute übrigens so aussehen: Ich habe
es geschafft, das Durcheinander zu Hause so sein zu lassen,
wie es ist. Es ging auch gar nicht anders: Wenn ich begann,
im einen Zimmer aufzuräumen, wurde durch vier magische
Händchen das nächste zum Schlachtfeld und umgekehrt. Als
Felix schließlich fröhlich begann, die Seiten meines Lieb-
lingsbuches einzeln herauszureißen, schaffte ich es, nur einen
ganz milden Wutanfall zu bekommen. In der Zwischenzeit
allerdings hatte ich übersehen, dass Lea das gesamte Abend-
essen breit gefächert unter dem Tisch verteilte. Während ich
die Essensreste auffegte, veranstaltete Felix binnen kürzester Zeit im Bad eine totale Überschwemmung. In Rekordzeit
wischte ich auf. Ich habe es geschafft, meinen zweiten Wutanfall so gut es ging zurückzuhalten. Wie gut es genau ging,
kann ich nicht mehr einschätzen.

Zu diesem Zeitpunkt rief Tante Bille an und meinte, es
wäre vielleicht an der Zeit, ein weiteres Kind zu bekommen,
sie selbst hatte immerhin fünf. Ich bedankte mich für die
blendende Idee, während Lea im Küchenregal eine Packung

Grieß auf dem Boden verteilte und konzentriert überprüfte, wie sich das Ganze mit ein paar wichtigen CDs ihrer Mama mischen ließ. Es war inzwischen sehr spät geworden. Nachdem ich meinen beliebten Vortrag gehalten habe, dass Aufräumen nicht mein Lebensinhalt sei, schaffte ich es schließlich, die beiden ins Bett zu verfrachten.

An den weiteren Verlauf des Abends kann ich mich nicht mehr erinnern, ich weiß nur, dass ich vor Felix und Lea in einen tiefen Schlaf gefallen bin. Bin dann (jetzt) um zwei Uhr aufgewacht und nicht mehr eingeschlafen, sodass ich die nötige Zeit fand, diesen Text zu schreiben. Ich würde sagen, ich bin zwar ziemlich erledigt, aber auch mächtig stolz. Darüber, dass ich es geschafft habe, nicht wie sonst immerzu raketenartig in die Luft gegangen zu sein, sondern die Nerven bewahrt und diesen Tag überlebt zu haben. Was ich außerdem gelernt habe: Nächstes Mal (morgen also) räume ich nicht stundenlang in allen Zimmern auf und die Kinder räumen wieder aus, sondern ich bringe sie vorher ins Bett. Mal sehen, wie das klappt…

 ## Geschafft!

Mach dir immer wieder zwischendurch bewusst, was du alles bereits geschafft hast, anstatt etwa zu grübeln, was du heute womöglich noch nicht erledigt hast. Und klopfe dir stolz auf die Schultern!

Feiere jede bestandene Mutprobe und jeden kleinen Erfolg des Tages!

Eltern: zwei Personen – zweihundert Meinungen

Zum Glück gibt es immer zwei Eltern, denn dann gibt es auch mindestens zwei (eher zweihundert) Meinungen – im Großen und Ganzen also eine Menge wunderbar verschiedener Blickwinkel auf dieses wilde Leben, in dem nichts nur richtig oder nur falsch ist.

Wenn ihr beiden Elternteile nicht immer einer Meinung sein solltet, was Erziehung betrifft, dann ist das durchaus gut, denn so lernt euer Kind viele Welten kennen. Eltern müssen nämlich nicht immer einer Meinung sein und übereinstimmen. Wie um Himmels willen sollen sie das auch schaffen? Man hat ja schon als einzelne Person oft mindestens tausend Meinungen oder Stimmungen in sich, gleichzeitig, hintereinander, täglich neu, mal abwägend und mal überzeugt.

Euer Kind ist durchaus in der Lage, zu erkennen: Mama bringt mich ins Bett, indem sie mich erst mal kräftig kitzelt, hochwirft und dann noch einmal »Hoppe, hoppe, Reiter«

spielt, Papa dagegen mag es gerne gemütlich und liest mir bei Schummerlicht aus einem Bilderbuch vor.

Wenn ihr in den großen Dingen einer Meinung seid, ist das wunderbar. Die großen Dinge, das ist nicht, wie das Kind am besten ins Bett kommt, was es heute wettergemäß anziehen soll oder was es essen darf, sondern die großen Dinge sind Geborgenheit, Liebe, Zeit füreinander. Alles andere wie Wickeltechnik, baden, füttern, tragen, anziehen, spielen kann getrost unterschiedlich sein und sich deshalb auch richtig gut ergänzen. Ihr dürft euch natürlich auch gerne stundenlang darüber streiten. Das geht manchmal gar nicht anders, vor allem, wenn man viel zu wenig geschlafen oder viel zu viel gearbeitet hat oder beides zusammen. Aber leichter habt ihr's, wenn ihr es professionell seht: »Wir ergänzen uns, wie schön! Wir sind ein Team und zwei Individuen.« So lernt euer Kind, dass jeder Mensch anders ist – und stellt fest, dass seine Eltern nicht als riesiges Doppelpack vor ihm stehen und immer einer Meinung sind. Und wird nichts dabei finden. Auch in seinem weiteren Leben wird es unterschiedlichen Menschen und ihren unterschiedlichen Charakteren und Handlungsarten begegnen und damit umgehen lernen.

Kinder kommen mit beiden Herangehensweisen von euch zurecht. Daher ist es gut, wenn ihr den Partner handeln lasst, wie er oder sie es gerade für richtig hält, und selbst ein bisschen zurückhaltend bleibt in der Kritik. So könnt ihr euch gegenseitig unterstützen. Wenn ihr Vertrauen habt in das richtige Wissen und Handeln des anderen. Leicht gesagt, du müsstest mich mal sehen! Aber ich bin ja auch noch mitten im Übungsprogramm von »Tolerantsein leicht gemacht«. Und dabei stelle ich immer wieder fest: »Das sind ja echt gute Ideen, die der da gerade hat! He, es klappt sogar viel besser, als ich dachte, und viel besser als meine ausgetüftelte Methode.«

Ein dickes Lob für den Papa

Du kannst es ihm ruhig öfter mal sagen, wenn dir etwas gut gefällt, dich überzeugt oder dir geholfen hat. Loben, aufmuntern, ihn in seiner Kompetenz unterstützen.

Den Partner mit Zuversicht selber machen zu lassen, das ist für euch beide mehr als wichtig; es gibt ihm Anerkennung und er kann auf diese Weise zu einer großen Hilfe im Kinderalltag werden.

Wenn etwas dabei nicht so gut klappt, kannst du großzügig darüber hinwegsehen und abwarten, ob dein Mitwirken an dieser Stelle gefragt ist oder nicht. Eine solche Haltung motiviert und sorgt dafür, dass ihr beide in Verbindung bleibt – nicht etwa jeder für sich allein.

Dankbarkeit, etwas, was wir uns selbst so sehr wünschen, können wir dafür geben, dass der Partner mithilft und wir gemeinsam dieses aufregende Projekt »Kind« meistern. Durch unser Entgegenkommen können wir vielleicht sogar einen ebenso entgegenkommenden, zufriedeneren Partner an unserer Seite finden.

Tauziehen ist nicht nötig

Sollten Eltern denn nicht an einem Strang ziehen? Wenn es keine Spannung erzeugt, dann ist das natürlich möglich. Aber das Bild, zwei Eltern ziehen an einer Seite eines Stranges, das Kind an der anderen, das ist eigentlich kein besonders schönes. So wie das Wort »Erziehung«: Wir könnten unsere Aufgabe, Kinder im Leben zu begleiten, eher als »Entwicklungshilfe zur Selbstständigkeit« betrachten. Denn woran sollen wir auch ziehen? An beiden Armen? In die Länge oder in die Breite? Jeder an einem Arm, Oma und Opa ziehen womöglich auch noch mit? Tsss – Kinder wachsen ganz gut von alleine und es ist schön, dass wir ihnen dabei ein bisschen helfen dürfen. Das wussten schon die alten Indianer, wenn sie sagten: »Das Gras wächst nicht schneller, wenn man daran zieht.«

Den perfekten Partner gibt es nicht, ebenso wenig wie die perfekte Mama. (Zur Erinnerung: Wir sind die beste Mama, aber eben nicht perfekt.) Wir Eltern dürfen uns also gemächlich in Nachsicht mit dem Partner üben und ihn so oft es geht annehmen, so wie er ist – nämlich sehr gut! Es sei denn, er oder sie überschreitet Grenzen des liebevollen Miteinanders. Aber in der Regel ist es so: Der andere tut sein Bestes – und zwar auf seine Weise.

Eine Atempause für uns selbst kann das sein, in der wir dem anderen Raum lassen für sein Tun, während wir ein anderes Mal wieder an der Reihe sind. Wir können Mittelwege und Kompromisse ausprobieren und ab und zu auch mal einfach zuschauen, bevor wir wutentbrannt erklären, dass nur dieser eine Weg, den wir im Kopf haben, der richtige ist. Im Idealfall sieht es so aus: Wir sind ein Team, Papa und Mama, wir sind nicht vollkommen eins, aber wir möchten auch keine Einzelkämpfer sein.

Juhu – familienfrei!

Beide in diesem Team sollten Freiräume haben, in denen sie sich »familienfrei« entspannen dürfen. Um etwas anderes erleben zu können, jenseits der eigenen vier Wände oder des Berufsalltags, etwas Eigenes, von dem sie uns zu Hause dann erzählen können. Es gibt etwa drei Millionen Möglichkeiten: Wir können alleine in eine andere Stadt reisen oder mit Freundinnen ein Wochenende ans Meer, einen Kurs belegen (»Reiten ohne Sattel« wäre zum Beispiel etwas, das einen aus dem Alltag vollkommen rausbugsieren würde) oder sich bei Muttern in die Arme legen (geht bei meiner allerdings nicht, denn die ist immer auf Achse), ein Partywochenende beim Kumpel oder einen Sprachkurs oder …

 Feste feiern, wie sie fallen

Da plant man einen gemeinsamen Abend und freut sich schon seit drei Wochen darauf – und dann klappt gar nichts, weil das Kind plötzlich alle fünf Minuten brüllend aufwacht.

Sich als Paar in der eigenen Wohnung zu treffen (im Sinne einer echten Begegnung mit Unterhaltung), kann ein richtiges Abenteuer werden. Klappt's heute oder nicht? Aber zwischendurch gibt es manchmal ungeplante Momente fürs Beisammensein, die man spontan so gut es geht genießen kann: »Schatz, wir haben plötzlich Zeit füreinander!« oder: »Hallo schöner Mann, haben wir uns irgendwo schon mal gesehen?«

Alles stehen und liegen lassen und sich in die Arme fallen!

Gewitterfronten

Auch mit dem Wissen, dass ihr ein gutes Team seid und der jeweils andere nicht perfekt ist, kann sich manchmal in Sekundenschnelle ein Streit entwickeln. Iwar spielt in der Wohnung mit dem Ball, Papa schimpft: »Hör sofort auf damit!«, Iwar weint und Mama ruft nun: »Ach was, das kannst du ruhig machen« – und plötzlich sind zwei Fronten da. Die Eltern beschimpfen sich, Türen knallen. Der Vater fühlt sich zum x-ten Mal nicht ernst genommen, die Mutter findet, Iwar bekommt tagein, tagaus nur Ärger (den von ihr mit inbegriffen). Und wie das so ist beim Streiten: Beide haben recht. Um daraus keine volle Katastrophe zu machen, empfiehlt es sich, den anderen sich beruhigen zu lassen und viel später, wenn die Atmosphäre etwas entspannter ist, darüber zu sprechen.

Eine Möglichkeit, etwas für sich als Eltern zu tun, sind Kurse wie »KESS erziehen*« und »Starke Eltern, starke Kinder*«. Sie unterstützen die Eltern in Erziehungsfragen und gemeinsamen Herangehensweisen.

 Einmal ums Karree

Sobald das Baby schläft, drückt ihr den vertrauenswürdigsten Nachbarn, der Oma, dem Babysitter oder Freund das Babyfon in die Hand oder bittet sie oder ihn, kurz vor Ort aufzupassen: Dies wird ein kleiner Spaziergang rund ums Haus für zehn Minuten. Möglichst nicht über »Arbeit« (Beruf oder Kind) sprechen, sondern über alles andere.

Auf diesen Tipp kommt man wirklich auch gut alleine, aber alleine macht man es nicht! Jetzt aber raus mit euch!

Kein Paar mehr, aber immer noch Eltern

Auch wenn wir es nicht glauben wollen: Kinder bringen jede Partnerschaft zwangsläufig auch in äußerst kritische Situationen. Das haben mit Sicherheit schon alle Paare erlebt. Nicht immer gelingt es uns, diese Konflikte gemeinsam auszutragen. Wenn die grundsätzlichen Meinungen eines Paares so sehr auseinandergehen, dass ehemalige Gemeinsamkeiten zu schmerzhaft fehlen, bleibt manchmal keine andere Möglichkeit, als verschiedene Wege zu gehen.

Für diese Trennung gibt es unendlich viele Gründe. Manchmal finden wir, es hätte nicht sein müssen. Wir befürchten, für die Kinder sei es nicht gut. Aber schließlich müssen wir akzeptieren, dass eine Entscheidung gefällt werden muss, weil es auf die bisherige Weise nicht mehr weitergeht und sich die Krise nicht gemeinsam meistern ließ. Und aus einer Trennung ergeben sich immer auch Chancen, die es vorher nicht geben konnte – erst recht nicht in einer schwierigen Beziehung.

Wie traurig und schmerzhaft eine Trennung ist, darüber gibt es nicht viel zu sagen: Die Enttäuschung sowie die neue

Herausforderung für ein anderes Leben, einen anderen Alltag kann sich jeder vorstellen, der die eigene Beziehung einmal infrage gestellt hat.

Erscheint das Auseinandergehen in ersten Augenblick katastrophal, so lässt sich bei allen Menschen, die sich trennen mussten, feststellen, dass sie in der Folge glücklicher und zufriedener wurden, als sie es während der unglücklichen Beziehung je sein konnten. Erfahrungen von Unabhängigkeit und Stärke machen sich im neuen Single-Leben bemerkbar. Unsere Kinder werden trotzdem oder sogar deswegen glücklich und zufrieden groß und erwachsen werden, weil wir ihnen Vertrauen und Lebensfreude vermitteln können, egal, was um uns herum passiert.

Das erfordert von uns enorme Stärke und Souveränität, die nicht immer voll und ganz möglich ist (wann ist sie das auch?). Dabei spielt die Einstellung gegenüber unserem ehemaligen Partner eine große Rolle. So schlimm er sich auch verhalten haben mag, es hat einen gemeinsamen Augenblick gegeben, in dem dieses einmalige Menschenkind entstanden ist. Und das darf deinem Kind immer gegenwärtig sein: »Ich bin da, weil es Liebe zwischen zwei Menschen gibt oder gab. Weil ich gewollt bin. Weil es schön ist, wenn Menschen sich lieben. Und ich werde von meinen beiden Eltern immer geliebt, auch wenn sie nicht mehr zusammen sind.« Im Idealfall bleibt die Elternschaft als Partnerschaft bestehen, auch wenn Eltern kein Paar mehr sind.

Unsere Enttäuschung oder Wut über den anderen können wir mit Freunden austauschen, aber nicht mit dem Kind, denn es ist immer Teil von beiden Eltern. Durch euch beide kann es diese Welt überhaupt erst kennenlernen. Und wenn wir beispielsweise den Papa kritisieren, dann kritisieren wir automatisch unser Kind mit, denn es fühlt sich mit ihm verbunden. Das sollte uns trotz aller eigenen Verletzungen immer bewusst sein.

Meeresbotschaft

Schreibe einen Abschiedsbrief an deinen früheren Partner (keine Sorge, du musst ihn nie abschicken).

Bedanke dich dafür, was du mit diesem Menschen zusammen erlebt hast, was du bekommen hast und wie du in dieser Beziehung gewachsen bist. Nenne die Gründe, wie es dazu gekommen ist, sich zu trennen. Akzeptiere deinen eigenen Zorn und Schmerz, wenn du verlassen wurdest, und drücke diesen aus. Wenn du deinen Partner verlassen hast, trage den Zorn und Schmerz deines Lebenspartners. Ein Lebensplan wurde zerstört. Das tut weh. Aber ein anderer, besserer öffnet sich. Wünsche ihm und dir etwas Gutes für die Zukunft. Dann formuliere deinen Abschied. Nimm dir Zeit dafür, denn daraus entsteht Befreiung.

Du kannst den Brief gedanklich (oder wirklich) ins Meer schicken – alten Kummer loslassen. Neues Leben hat begonnen.

(Eine Anregung von Hannah Janßen, Psychologin und Leiterin der Friesenhörn-Nordsee-Kliniken für Mütter und Kinder.)

Alleine genießen

Ganz allein zu sein, ist das nicht traurig? Nein, das ist es nicht. Auch ohne Partner sind wir komplett. Höchstens dieser Gedanke hindert uns daran, aus dem Vollen zu schöpfen und das Leben zu genießen. Denn meistens geht es jetzt erst richtig los: das Abenteuer Selbstbestimmung umsetzen, Freiräume ohne Streit haben, sich Zeit nehmen, um alles zu verarbeiten, sich Erholung gönnen, wenn die Kinder schlafen, die Ruhe nach dem Sturm auskosten. Keine Sorge, wenn du möchtest, wirst du einen neuen Partner finden. Möglichst nicht so eilig, damit genügend Zeit ist, die vergangene Beziehung zu verarbeiten und das Alleinsein mit seinen Vorzügen zu genießen. Und um zu erfahren, dass du auch ohne Beziehung glücklich und vollkommen sein kannst. Bis sich vielleicht eine neue Begegnung ergibt, wenn du so weit bist.

Manchmal kann man es trotzdem vor Schreck nicht fassen: Jetzt soll ich das alles alleine schaffen!? Geht gar nicht! Doch, es geht. Und es gibt auch überraschende Momente: helfende Hände von außen, inspirierende Bekanntschaften und Begegnungen, neue Liebe.

 Was mache ich jetzt als Erstes?

- Endlich alte Freunde und Freundinnen wiedersehen – und neue mit der Zeit kennenlernen
- Die Wohnung genau so aufmöbeln, wie du sie immer schon haben wolltest
- Mit anderen Eltern Treffen organisieren, z. B. gemeinsam picknicken, Ausflüge machen, Stammtische gründen
- Feste Termine vereinbaren, an denen ihr die Kinder wechselseitig mit nach Hause nehmt
- Ziele umsetzen, die schon lange im stillen Kämmerlein schlummerten, z. B. einen Kurs beginnen – Sprache, Sport, Tanzen, Handwerken ...

Wertschätzung

»Mein kleines Schätzchen, du bist wunderbar!« Unseren Kindern tut es gut, wenn wir sie ganz in ihrem Wesen annehmen – unabhängig von ihrem Können und ihrer Leistung. So haben sie ein Gefühl von Zugehörigkeit in dieser Welt. Dieses Wissen können wir ihnen am leichtesten geben, wenn wir uns selbst schätzen, denn dann wissen wir von innen heraus, wie wir auch andere schätzen. *Dich selbst schätzen –* das beinhaltet: dich in deinem ganzen Sein anzunehmen.

In jedem von uns steckt eine Stimme, die liebevoll und sanft ist. Wohlwollend ist sie und freundlich, eine richtig warme Hülle. Die eigenen Grenzen achten gehört dazu. Keine überhöhten Ansprüche an sich selbst stellen. Vielleicht sogar mal gar keine Ansprüche, wie wäre das? Und dieses Bonuspaket übernehmen wir auch für unsere Kinder.

Lieb gewonnen

Wenn du dich selbst lieb hast (ja, richtig gelesen: lieb hast), dann hast du einen riesigen Schatz in dir, eine wahre Schatztruhe, aus der du unermesslich schöpfen kannst. Du darfst dich selbst loben. Du kannst sagen: »Ich finde mich gut, obwohl ich diese blöde Macke habe. Die Natur hat mich so erschaffen, wie ich bin, mit allem Drum und Dran. Als Gesamtpaket. Und mein Kind genauso. Wir zwei Pakete, wir machen das schon alles gut!«

Dass wir nicht von einem Tag auf den anderen voll strotzenden Selbstwertgefühls sind, ist klar. So lange können wir gemütlich die bleiben, die wir waren.

Nach einer Weile werden wir eine Wirkung an uns selbst spüren. Unsere Kinder merken auch, dass wir zufriedener sind. Vielleicht werden wir auch feststellen, dass wir uns zunehmend auf das konzentrieren, was uns gut gelingt und guttut, alles andere wird nebensächlich.

 Glücksmomente

Jedes Kind – jeder Mensch – ist ein riesiges Universum für sich. Vielleicht nehmen wir nur einen Bruchteil dieser umfassenden Persönlichkeit, seiner Schönheit, seiner Gedanken und seiner gebündelten Energie wirklich wahr. Allein das aber sind die besonderen Augenblicke im Leben miteinander.

Wertschätzend – auch im Alltag

Seltsamerweise fällt die Wertschätzung im Alltag oft bei genau den Menschen am schwersten, die uns doch am liebsten und nächsten sind: unserem Partner, unseren Kindern. Dabei macht ein respektvoller Umgang alles so viel leichter!

Wir kennen das gut von uns selbst: Wenn jemand sagt: »Kannst du mal was für mich tun?«, dann unterstützen wir gerne, ist es freundlich formuliert und haben wir dazu einen kurzen (und Kinder brauchen einen längeren) Moment Bedenkzeit. Vielleicht waren wir ja gerade mit etwas Wichtigem beschäftigt und müssen das unterbrechen (Kinder machen immer etwas Wichtiges, finden sie), also möchten wir gerne einen Moment innehalten, dann sind wir in der Regel gerne bereit, jener Bitte nachzukommen.

Und genau diese Zeit lassen wir auch unserem Kind. Es muss nicht immer – zack! – angezogen sein, den Tisch auf- oder abgedeckt haben, das Zimmer sauber aufgeräumt hinterlassen.

Warum bist du immer...?
Und warum machst du nie...?

Es fühlt sich nichts besser an, als um seiner eigenen Person wegen geliebt zu werden; auch wenn man manchmal so ist wie man ist. Schön, wenn wir dieses Gefühl unseren Liebsten vermitteln.

Was wir manchmal dabei trotzdem vergessen: Auch Kinder mögen unbedachte oder entmutigende Bemerkungen nicht gerne. Worte wie »Immer musst du ...« und »Kannst du nicht ein einziges Mal ...« schränken ein, auch wenn sie durch das Verhalten unserer Frechdachse provoziert sein mögen. Na klar, wir müssen Grenzen ziehen. Aber ohne Lautstärke bis in die nächsten zwei Etagen, ohne unseren Kindern das Wort abzuschneiden und all die unangenehmen Sachen, die wir manchmal machen, wenn wir in Rage sind.

Im gedrängten Alltag purzeln sie schnell aus uns heraus, diese Urteile. Sie sind nachvollziehbar, aber hilfreich sind die dahingeworfenen Kommentare nicht, wenn wir unsere Kinder darin bestärken möchten, dass sie freie Wesen mit Mut zu Veränderungen sind; dass sie sich in ihrem Wesen ganz angenommen fühlen, nicht etwa festgelegt und eingeschränkt.

Wenn uns diese Worte denn also geradezu in Lichtgeschwindigkeit aus dem Mund gekommen sind, sollten wir sie gleich danach relativieren.

Manchmal glauben wir auch, dass wir unsere Kinder steuern oder gar formen können, wie es unseren Vorstellungen entspricht. Sie weisen uns dann allerdings regelmäßig und zu Recht darauf hin, dass sie uns nicht gehören, auch wenn sie von uns kommen. Das kann dann schon mal einen Zusammenstoß geben.

Fairness first: Feingefühl

Manchmal neigen wir dazu, die Sorgen mit unseren Kindern vor anderen Erwachsenen seufzend zum Ausdruck zu bringen, während die beschriebenen Sprösslinge direkt danebenstehen. Das würden wir selber bestimmt nicht besonders mögen. Bitte nicht falsch verstehen: Uns über unsere Kinder zu beschweren, um unser Herz zu erleichtern, ist wichtig. Wir sollten dies allerdings möglichst auf Momente verschieben, in denen sie nicht dabei sind.

Der gegenteilige Trick: Positiv reden über unser Kind – und es steht daneben – soll Wunder wirken.

Damit das Gegenüber nicht denkt, wir seien übergeschnappt, weil wir seit Neuestem ständig rufen: »Und übrigens, gestern hat Antonia so gut Gitarre geübt, dass Rockstar Soundso sie am liebsten für ihre Band anheuern würde«, hilft dezentes Augenzwinkern …

Wenn wir uns klarmachen, wie schnell wir Großen empfindlich reagieren, dann sollten wir im Gegenzug berücksichtigen, dass unsere Kinder genauso empfindsame Wesen sind, auch wenn sie dies nicht immer so deutlich formulieren können wie wir.

Besonders nach einem unschönen Arbeitstag, an dem wir vielleicht so manche Kritik einstecken mussten, ist es nicht leicht, jetzt auch noch wertschätzend zu unseren Kindern zu sein. Wie soll das bloß gehen, unsere Kinder gerade dann in ihrem ganzen Wesen anzuerkennen, wenn wir uns selbst gerade schlecht behandelt fühlen? Trotzdem fair und erwachsen handeln, das ist kein bisschen leicht, sondern eine täglich neue Aufgabe, die manchmal auch Entschlusskraft und Selbstbeherrschung braucht.

Wertschätzung gelingt leichter, wenn wir unseren liebevollen statt unseren kritischen Blick pflegen: Welch Wunder ist unser Leben, was für ein Wunder sind unsere Kleinen und welch Wunder bedeutet es, für sie sorgen zu dürfen!

 ## Hmmm – sind wir beide gut!

Wertschätzen für Anfänger? Wie das nun wieder mal eben gehen soll? Hier ist eine hilfreiche Haltung, wenn du mit dir selbst oder anderen unzufrieden bist:

Ist es nicht so, dass du alles, was du machst, so gut tust, wie es dir möglich ist – manchmal mit ein paar Patzern, na und?

Ist es dann nicht sehr wahrscheinlich, dass dein kleines oder großes Kind es genauso versucht – eben auch mit ein paar Schnitzern? Oder dein Liebster? Oder deine Nachbarin? Wie wäre es, genau das anzuerkennen? Ja, gut wäre das.

Bewundere dein schlafendes Kind: Himmel, ist es zart und schön! Und warm und klein! Wir begeben uns dabei von selbst in eine andere Ebene: betrachtend, ruhig, staunend.

Unsere Fähigkeit zur stillen, bewussten Wahrnehmung, zum immer neuen Staunen und Dankbar-Sein ist eine besondere Gabe und ein wunderbares Hilfsmittel für den turbulenten Alltag.

Gedanken am Abend

Was ist das für ein seltsames Ding: Leben? Durch die nebligen Wiesen sehe ich Stella stapfen, ein zartes, weißes Pony, das bis heute begleitet wurde von seinem kleinen, tapsig umherspringenden Fohlen. Jetzt marschiert Stella unruhig hin und her, wiehert, aber niemand antwortet. Ihr kleines Fohlen ist heute ums Leben gekommen, als es sich an einem Eckpfosten auf dem Feld verstrickt hat.

Es ist alles so seltsam: Wir atmen Luft, wir lesen Bücher, wir können Auto fahren und sind auf allen Gebieten perfektioniert. Aber das Phänomen Leben und Sterben haben wir nicht verstanden und nicht im Griff.

Wir hängen aneinander, wir lieben einander, so will es die Natur. Wenn einer geht, dann fehlt er uns – wir kommen lange nicht, manchmal gar nicht, darüber hinweg. Mal gibt es einen Schutzengel, mal konnte auch er nicht retten. Wenn es uns gelingt, einen Sinn darin zu sehen, dass jemand von dieser Welt geht, können wir damit ein bisschen besser umgehen. Wenn wir es schaffen, durch einen Verlust die Kostbarkeit der begrenzten Zeit wahrzunehmen, die wir hier erfahren dürfen, haben wir etwas Besonderes gelernt.

Denn an den traurigen Ereignissen, an den Verlusten, die noch schlimmer sind als das Weggehen von Stellas Fohlen, könnten wir verzweifeln. An den sinnlosen Toden, die Menschen sich gegenseitig antun. Oder aber wir setzen dem etwas entgegen, jeder auf seine Weise. Indem wir etwas Helfendes tun und das Leben, das wir haben und das uns umgibt, immer wieder dankbar und bewusst wertschätzen.

Warum passieren so traurige Dinge? Uns bleibt nichts, als zu danken für alles, was lebt und blüht und uns berührt. Und bitten, dass uns das Leben unserer Liebsten erhalten bleibt. Das Leben ist kostbar. So, wie es der Volksmund sagt: Sei behutsam mit dem, was du liebst.

Auch Eltern haben Eltern

Hier ist der Moment gekommen, uns unseren eigenen Eltern zuzuwenden – gedanklich, meine ich: Sie haben vermutlich versucht, das Allerbeste zu machen, und das ist ihnen auch bis auf ein paar Schnitzer gelungen. Die unangenehmen Aufgaben nämlich, die sie lieber uns überlassen haben. In einigen Dingen haben sie sich recht ungünstig, vielleicht sogar unfair – genauer gesagt, ziemlich entsetzlich verhalten. Das war bestimmt nicht gewollt, sondern entsprach manchmal eher ihrer eigenen Hilflosigkeit in brisanten Fällen. Uns wird es sehr irritiert haben, wenn wir dachten, Eltern seien von Natur ganz und gar fehlerfrei, und das, was sie sagen, nahezu heilig. Nein, das ist es nicht! Jetzt, da wir erwachsen sind, merken wir durch unsere Erfahrung: Eltern sind auch nur Menschen!

Erinnerungen an das Zusammenleben als Familie in unserer Kindheit sind immer noch in unseren Gefühlen spürbar, auch in unseren Verhaltensweisen und Umgangsformen mit unseren Kindern. Dabei ist vieles gut und manches überdenkenswert – besonders aber das Unangenehme fällt uns ja immer zuerst auf. So etwa, wenn ich glaube, besonders streng zu meinen Kindern sein zu müssen: Ist mein Tonfall etwa gerade der, den ich von meinen Eltern kenne, wenn sie in Rage gekommen sind? Stimmt, so haben sie versucht, uns Kindern Tischmanieren beizubringen! Scheint nicht leicht gewesen zu sein. Und hat's geklappt? Natürlich! Ich sitze stets gaaanz kerzengerade (außer im Moment, aber das kann ja zum Glück keiner sehen).

Daneben gibt es natürlich ganz andere Dinge, die uns belasten könnten: Haben wir vielleicht auch die Neigung zu unnötigen Sorgen übernommen, ohne es zu merken? Beherbergen wir insgeheim die kaum zu bändigenden Wutanfälle, wie sie einer unserer Eltern leider an sich hatte?

Oder empfinden wir als Erwachsene manchmal wieder genau so wie das Kind, das wir damals waren und dessen Bedürfnisse nicht beachtet wurden? Kränkungen, Einschränkungen und Missverständnisse, die wir erlebten und die wir, groß geworden, immer noch aus elterlichen Nebensätzen heraushören können, sind manchmal noch erstaunlich wirksam und schränken unser Leben ein.

Betrachten wir unsere Eltern doch einmal mit anderen Augen. Dies ist die größte Chance für uns, in jetzigen Begegnungen mit unseren Kindern nicht immer wieder die in unserer Vergangenheit angesiedelten Konflikte zu wiederholen. Wir werden langsam, aber sicher unabhängig.

Fehlerfrei? Auch unsere Eltern waren's nicht

Mehr innere Unabhängigkeit erlangen wir, indem wir die einst begangenen Fehler der Eltern (und auch ihre kritischen Bemerkungen heutzutage) als schlicht und ergreifend menschlich erkennen. Machen wir uns klar, dass unsere Eltern nicht etwa unfehlbar waren, dass sie nie genau wissen konnten, was für uns am besten ist. Auch sie hatten mit ihren eigenen Erfahrungen, Sorgen und Wünschen zu kämpfen. So fechten uns auch ihre elterlich wertenden Kommentare nicht mehr so an: Diese waren (und sind) oft nicht immer hilfreich oder unterstützend. Aber auch hier verhalten sich unsere Eltern eben menschlich.

Mal finden sie, wir verwöhnten unsere Kinder zu sehr, die Wohnung sei zu klein und unser Beruf nicht der richtige. Im nächsten Moment dürfen die Kinder ruhig auch mal ordentlich verwöhnt werden, die Wohnung ist ja doch die richtige und der Beruf ist eigentlich großartig. Gelegentlich hören wir Forderungen aus Sätzen unserer Eltern heraus, die vielleicht einfach nur dahingesagt sind. Meinungen vielleicht, spontane Ansichten, am besten Anregungen – für uns jedoch keine Verpflichtungen.

Mit der eigenen Erfahrung in der Elternrolle haben wir die Gelegenheit zu sehen: Ich weiß selbst, wie sich das anfühlt, als Eltern nicht alles im Griff zu haben, wütend zu sein, falsch zu reagieren. Ich mache das, weil ich hilflos bin und auf diese Weise versuche, eine Lösung zu finden. Eine bessere habe ich zurzeit nicht auf Lager.

Unsere Eltern können uns nur das weitergeben, was sie selber erlebt und dadurch für das Richtige befunden haben. Ihr Verhalten hatte mit uns nichts zu tun, sondern mit ihrer eigenen Geschichte.

In einigen Aspekten erscheint uns unsere Elterngeneration in ihren Erziehungsmethoden streng und engstirnig. Aber wenn wir einen Blick auf die Generation davor werfen, werden wir erstaunt feststellen: Unsere Eltern waren im Vergleich dazu ausgesprochen liberal. Sie waren nahezu locker und liebevoll. Sie haben mit uns Kindern gelacht, uns Tausende von Wünschen erfüllt und natürlich etliche Trotzphasen lebend überstanden. Sie haben uns versorgt und sich verantwortlich gefühlt. Tatsächlich haben sie sogar in ihrem Radius große Fortschritte gemacht. Das bedeutet nicht, dass wir alles gutheißen müssen. Es heißt auch nicht, dass wir Ungerechtes vergeben müssen. Wir müssen gar nichts.

Wunderbar ist, dass sie uns auf die Welt gebracht haben: Hier sind wir nun und können unseren eigenen Weg gehen! Was sie sagten oder sagen, darf zum einen Ohr reingehen und zum anderen wieder raus. Ob sie unsere Erziehungsmethoden gutheißen oder kritisieren, wie sie unseren Lebenswandel finden, das ist alles nicht mehr wichtig.

Das ist das Hervorragende am Erwachsensein: selbstständig werden, verantwortlich sein für sich selbst, sich kontinuierlich befreien aus Verstrickungen und Reflexen. Genau dieses Selbstwertgefühl können wir unserem Kind mit auf den Lebensweg geben:

So, wie ich selbst gerne behandelt werden möchte, so möchte ich auch mit meinem Kind umgehen. Und mit mir! Das bedeutet: ganz viel Verständnis für die Menschen an meiner Seite und für mich selbst. Auch für die Momente, in denen wir beide uns vollkommen danebenbenehmen.

Sternschnuppen

Pssst … komm mal einen Moment zur Ruhe … gleich wirst du dieses Buch beiseitelegen … schließ jetzt einfach mal die Augen … mach einen Moment nichts. Und genieße deine eigene Wahrheit wie deine allerköstlichste Lieblingsspeise: Du machst alles gut. Du bist gut, so wie du bist, an dieser Stelle auf diesem Weg. Du bist nicht nur gut, du bist genau die Richtige für dich, deine Kinder, dein Leben.

Ja, mag schon sein, gestern hast du einen schlechten Tag gehabt. Dir war nichts gut genug. Viel zu viel geschimpft. Viel zu wenig Schlaf. Oder wieder angefangen zu rauchen. Alles ging schief. Oder gedacht, Ordnung ist das ganze Leben, anstatt mit deinen Liebsten mal rumzuhängen, fünf gerade sein zu lassen und das Aufräumen zu verschieben (aufs nächste Jahr, aufs nächste Leben …). Mit dem Partner läuft es vielleicht nicht gerade bestens, wenn es überhaupt zum Laufen kommt. Die Arbeit ruft, aber die Zeit fehlt.

So ist es manchmal, auch wenn man alles richtig macht!

Jeder hat ein paar Mängelexemplar-Seiten an sich, die er oder sie zum Besten geben kann, wenn Bedarf danach ist – wir haben sie nur nicht alle gleichzeitig im Angebot, sodass wir gelegentlich auf die Idee kommen, andere würden das Leben per Zauberei weitaus besser meistern.

Die kleinen und großen Tornados des Lebens tauchen überall auf, und zwar genau dann, wenn wir sie wirklich nicht gebrauchen können. Das gehört dazu, obwohl wir es immer wieder vergessen und auch mit den kleinen Problemen des Alltags genug zu tun haben. Du kannst also das Abo auf »Ich kritisier mich selbst« jetzt gleich abbestellen. Denn eine der wichtigsten Aufgaben auf dieser verrückten Erde ist es, uns in dieser Welt wohlig einzurichten und die Menschen um uns herum (und dabei auch uns selbst) glücklich zu machen. Vor allem erst mal uns selbst. Denn wenn wir zufrieden sind, dann haben die anderen am meisten davon.

Was brauchst du jetzt, was kannst du dir später – wenn Zeit ist – Gutes tun? Das ist etwas ganz anderes als lauter Egoismus, es ist das Gegenteil davon: Du schöpfst daraus die Kraft, die du brauchst, um damit wieder anderen behilflich sein zu können. Was könnte wichtiger sein im Leben? Wenn jeder zu einem Energiebündel solcher Art wird, haben wir eine schöne Zukunft vor uns!

Der Weg, den du dafür wählst, ist dein eigener. Niemand anderes kann dir sagen, wo es langgeht oder gar langzugehen hat – und es gibt so viele Wege. Das macht es manchmal schwer. Wenn du dich mal verlaufen hast, kannst du die Gelegenheit zu einer geruhsamen Pause nutzen und dich umschauen: Aha, hier bin ich also. Da geht's weiter, wenn ich will – oder eher da drüben lang. Du hast alle Zeit der Welt, dir den schönsten Weg auszusuchen.

Und jemanden an deiner Seite hast du auch noch. Dein kleines Kind ist noch nicht ganz so weit wie du, es hat noch nicht so viel Überblick und Erfahrung. Deshalb darfst du auch an seiner Seite sein und mit ihm zusammen groß werden.

Du wirst Tausende kleiner Wunder erleben und du bekommst unendlich viele Liebesbeweise. Du wirst ihm auf seinem Lebensweg behilflich sein, aber auch dein Kind hilft dir: Deine Kleine, dein Kleiner zeigen dir Dinge, die im Erwachsenenleben oftmals in Vergessenheit geraten sind: Unmittelbarkeit, Spontanität, Ehrlichkeit, Schalk. Im Augenblick versinken. Sofort vergeben können. Kummer blitzschnell überwinden. Auf heiß ersehnte Dinge plötzlich auch verzichten können. Hinwendung zu den Sonnenseiten des Lebens. Freude haben an den kleinsten Sachen. Eine Murmel kann die Welt bedeuten, ein Bad die Weltenmeere. Kinderaugen, die dich ansehen. Sternschnuppen.

Du kannst nun getrost alles vergessen, was du hier gelesen hast. Es wird das hängen bleiben, was dir gefallen hat und dich weiterbringt.

Die vielen Dinge, die wir mit unserem Kind erfahren, und die Dinge, die wir dabei lernen, sind nicht auf den Zeitraum der Erziehung begrenzt. Lebensfreude durch große Kleinigkeiten und kleine Großartigkeiten sind wie ein Faden, der sich durchs ganze Leben zieht.

Sternstunden, Sternenlachen, so viele Geschenke.

Lass uns aufmerksam sein dafür.

Anhang

Danksagung

Die vielen Weisheiten sind natürlich nicht ganz von allein in diesem Buch gelandet. Und auch nicht salopp aus mir herausgesprudelt. Gespräche gaben die wichtigsten Denkanstöße. Jedes Gespräch sogar, ob mit der professionellen Beratungsstelle zum Thema »Babyblues« oder ein Austausch auf der Straße über das Leben – all die wohltuenden Worte und Wahrheiten sind in das Buch mit eingeflossen.

Dabei erhielt ich ganz besondere Anregungen und neue Sichtweisen von meinem Mann Carsten, von Brigitte Diete (Caritas Berlin), Roland Bauer (Raum für Yoga, Berlin) und Hannah Janßen (Psychologin und Leiterin der Friesenhörn-Nordsee-Kliniken für Mütter und Kinder).

Meine beiden Kinder halfen dabei, viele Gedanken noch einmal auf Leib und Nieren zu überprüfen. Ich erinnere mich immer wieder gerne daran, wie sie während konzentrierter Schreibbemühungen im Hintergrund sangen: »Mama hat'n Hammer«, oder Explosionen mit Backpulver ausprobierten. Die eine oder andere Vorlage gaben sie wohl auch für die Beispielkinder aus dem Buch, Felix und Lea – natürlich rein zufällig und niemals beabsichtigt.

Großer Dank gilt meiner Lektorin Silwen Randebrock, die auf faszinierende Weise für inhaltliche Klarheit sorgte, vielen Sätzen erst den richtigen Schliff gab und großzügig aus ihrem eigenen Wissens- und Erfahrungsschatz schöpfte. In diesem Zusammenhang ebenso mein Dank an Stefanie Heim vom Südwest Verlag: Sie hat das Entstehen des Buches mit viel Engagement und herzlichem Entgegenkommen betreut.

Beim Schreiben wurde ich wunderbar unterstützt und motiviert von Annette Rey-Holm, Annette Prüfer, Anne Staskiewicz, Bernoully, Christin Schwetz, Edit Gerelyes, von meinen Eltern und meiner Schwester Isabella sowie von Erika Borbély-Hansen, Lisa Voigt, Lisa Fenzi, Nancy Wappler, Nicole Böhm, Sita Wachholz und Sabine Schenk.

Am liebsten möchte ich noch so vielen weiteren Menschen danken, denn jede Begegnung ist eine Bereicherung. Aber das würde den Rahmen des Buches sprengen, daher hier ein umfassendes Dankeschön.

Inspirationen

Die zwitschernden Vögel am Fenster, meine Nachbarn am Klavier, der Kühlschrank, der mich durch sein geräuschvolles Innenleben bestens unterhielt – und das weite Meer (wann sehen wir uns wieder?).

Und mit diesem Lied von Annette Prüfer spaziert ganz von selbst gute Laune ins Haus: Cafe Berlin »Zeig mir, wie du's machst«, www.myspace.com/cafeberlin

Literatur & *Quellen

Arbeitskreis Neue Erziehung e. V. | www.ane.de
Unterstützende und alltagsnahe »Elternbriefe«, die etappenweise durch viele Jahre Kindheit und Elternsein begleiten.

Deutsche Gesellschaft für Kinder- und Jugendmedizin e. V., Chausseestr. 128/129, 10115 Berlin: www.dgkj.de/uploads/media/Ist_mein_Kind_ein_Schreibaby.pdf (Stand 03.12.2012)

Hirschi, Gertrud: *Die spirituelle Kraft des Yoga.* Arkana 2005

Hohensee, Thomas: *Gelassenheit beginnt im Kopf.* Knaur 2004
Sehr angenehm: Tipps zum Entspannt- und Zuversichtlich-Bleiben in schwierigen Situationen.

Kabat-Zinn, Jon: *Im Alltag Ruhe finden.* Herder 2006
Dieses Buch ist wunderbar geeignet für erste Schritte in der Meditation.

Katie, Byron: *Lieben, was ist.* Goldmann 2002

Leman, Kevin: *When Your Best Isn't Good Enough.* Christian Art Books 2002

Mohr, Bärbel: *Übungsbuch für Bestellungen beim Universum: Den direkten Draht nach oben aktivieren.* Omega 2006
Die lustigste Methode, sich im Leben ein paar Wunder zu gönnen.

Schweppe, Ronald P. und Schwarz, Aljoscha A.: *Die Minus-1-Diät. Freier und leichter werden mit der Achtsamkeitsformel.* Südwest 2011

Spezzano, Chuck: *Wenn es verletzt, ist es keine Liebe.* Goldmann 2005

Strömstedt, Margaretha: *Astrid Lindgren, ein Lebensbild.* Oetinger 2001

Stiftung Kindergesundheit c/o Dr. von Haunersches Kinderspital, Lindwurmstr. 4, 80337 München: www.kinder gesundheit.de/newsletter-09-2009.html (Stand 03.12.2012)

Thiel, Christian: *Suche einen für immer und ewig.* Campus 2008

Ob mit oder ohne Partner: Mit den hier beschriebenen Standbeinen bleibt man in beiden Phasen stabil.

Verein Andere Zeiten e.V., Hamburg | www.anderezeiten.de

Der Verein »Andere Zeiten« erinnert an die besonderen Themen jenseits des Alltags, unter anderem durch ihr einmaliges Projekt »Fastenbriefe: 7 Wochen anders«.

Wiermer, C. und Palmer, A. K.: »Ich werde als Rabenmutter beschimpft«; Interview mit Kristina Schröder, April 2012

Zurhorst, Eva-Maria: *Liebe dich selbst und freu dich auf die nächste Krise.* Arkana 2011

Der Titel sagt alles – auf ins Leben!

Hilfreiche Adressen & Websites

Nummer gegen Kummer, das Elterntelefon: 0800 111 0550

Das Elterntelefon ist ein bundesweites Angebot von »Nummer gegen Kummer e.V.«, Mitglied im Deutschen Kinderschutzbund. Sie helfen und beraten anonym und kostenlos (von allen Festnetz- und Mobiltelefonen aus).

Starke Eltern – Starke Kinder | www.starkeeltern-starke kinder.de

Kursangebote des Deutschen Kinderschutzbundes e.V.

KESS erziehen | www.kess-erziehen.de
Kursangebote der Arbeitsgemeinschaft für katholische Familienbildung (AKF) in Zusammenarbeit mit dem Familienreferat im Erzbischöflichen Seelsorgeamt Freiburg. Diese Kurse gibt es in ganz Deutschland in größeren Städten.
Das Blog der Autorin | www.gluecksgarten.net
Neuigkeiten aus dem Leben als Mama
»Mamas Glücksbuch« bei facebook | www.facebook.de/mamasgluecksbuch
Hilfreiche Links und Ideen für den Alltag als Mutter

... ein Blick in die Wolken ...